Oldenbourg Interpretation
Band 67

Oldenbourg Interpretationen
Herausgegeben von
Klaus-Michael Bogdal und Clemens Kammler

begründet von
Rupert Hirschenauer (†) und Albrecht Weber

Band 67

Heinrich Böll

Die verlorene Ehre der Katharina Blum

oder : Wie Gewalt entstehen und wohin
sie führen kann

Interpretation von
Bernhard Sowinski

Oldenbourg

Zitiert und verwiesen wird nach folgender Ausgabe:
Heinrich Böll: Die verlorene Ehre der Katharina Blum oder: Wie Gewalt entstehen und wohin sie führen kann. Erzählung. München 1976, [29]1995 (dtv 1150).
Die Kapitelangaben stehen in Klammern, Seitenangaben ebenfalls.
So bedeutet z. B. (27, S. 60) = Kapitel 27, Seite 60

Zitate sind halbfett gekennzeichnet.

Die Deutsche Bibliothek – CIP-Einheitsaufnahme
Sowinski, Bernhard:
Heinrich Böll, Die verlorene Ehre der Katharina Blum oder:
Wie Gewalt entstehen und wohin sie führen kann:
Interpretation / von Bernhard Sowinski. – 2., überarb. u. korr. Aufl. – München – Oldenbourg, 1994
(Oldenbourg Interpretationen ; Bd. 67)
ISBN 3-486-88666-5
NE: GT

Bei Zitaten, Literaturangaben und Materialien im Anhang ist die neue Rechtschreibung noch nicht berücksichtigt.

2., überarbeitete und korrigierte Auflage in der neuen Rechtschreibung, 1997
Unveränderter Nachdruck 07 06 05 04 03
Die letzte Zahl bezeichnet das Jahr des Drucks.

Lektorat: Ruth Bornefeld, München
Herstellung: Karina Hack, München
Typografisches Gesamtkonzept: Gorbach GmbH, Buchendorf
Umschlagkonzeption: Mendell & Oberer, München
Satz: jürgen ullrich typosatz, Nördlingen
Druck und Bindung: Appl, Wemding

ISBN: 3-486-**88666**-5

Inhalt

Vorwort *7*

1 **Zur Entstehung der Erzählung** *9*
1.1 Entstehungsanlässe *9*
1.1.1 Bölls politisch-gesellschaftliches Engagement bis zum ›Terrorismus-Streit‹ *9*
1.1.2 Bölls ›Spiegel‹-Artikel »Will Ulrike Meinhof Gnade oder freies Geleit?« *11*
1.1.3 Das Erscheinen der Erzählung und die Motive des Autors *13*
1.2 Literaturgeschichtliche Motivparallelen *15*
1.3 »Katharina Blum« in Bölls Gesamtwerk *16*

2 **Handlungsstruktur** *18*
2.1 Handlungsverlauf *18*
2.2 Textaufbau *21*

3 **Darstellung und Funktion der Figuren und ihres Verhaltens** *28*
3.1 Die Darstellung Katharinas *28*
3.1.1 Selbstaussagen und Freundeszeugnisse *28*
3.1.2 Darstellung durch ihre ›Gegner‹ *31*
3.1.3 Katharinas Sprachsensibilität *32*
3.1.4 Psychogramm einer ›Mörderin‹ – ein Versuch *35*
3.2 Die Blornas *39*
3.3 Frau Woltersheim *43*
3.4 Ludwig Götten *44*
3.5 Polizisten und Staatsanwälte *45*
3.6 Tötges *47*
3.7 Die Unternehmer *48*
3.8 Die Nebenfiguren *49*

4 **Die Rolle der ZEITUNG im Text** *51*
4.1 Das Geschehen aus der Sicht der ZEITUNG *51*
4.2 Tötges' Methoden der Informationsverfälschung *56*
4.3 Die Sprache der ZEITUNG *58*
4.4 Die Wirkung der ZEITUNG *59*
4.5 Die Rolle der ZEITUNG in der Gesellschaft *60*
4.6 ZEITUNG und »Bild«-Zeitung *62*

5 **Thematische Probleme des Textes** *64*
5.1 Die Problematik von Gewalt und Recht in Bölls Erzählung *64*
5.1.1 Allgemeine Überlegungen zu Macht, Gewalt und Recht *64*
5.1.2 Die Auswirkung staatlicher Macht in der Erzählung *66*
5.1.3 Macht und Gewalt der Presse in der Erzählung *67*
5.1.4 Macht und Gewalt des Kapitals in der Erzählung *69*
5.1.5 Macht und Gewalt der ›öffentlichen Meinung‹ in der Erzählung *69*
5.1.6 Katharinas Rechtsposition und subjektive Gewalt *70*
5.1.7 »Wie Gewalt entstehen und wohin sie führen kann« *71*
5.1.8 »Katharina Blum« – eine Aufforderung zur Gewalt? *72*
5.2 Idealität und Negativität in Bölls Erzählung *73*
5.3 Probleme der literarischen Wertung der Erzählung *76*

6 **Erzählform und Sprache des Textes** *79*
6.1 Erzählerfigur und Erzählhaltung *79*
6.2 Objektive und subjektive Darstellungsweisen *80*
6.3 Ironie und Satire im Text *83*
6.4 Die Sprach- und Stilmischung in der Erzählung *86*
6.5 Personennamen als symbolische Kennzeichnungen *88*

7 **Die Rezeption der »Katharina Blum«** *90*
7.1 Rezensionen *90*
7.2 Wirkung beim Leserpublikum *92*
7.3 Die Adaption der Erzählung im Film *92*
7.4 Die Rezeption in der Literaturwissenschaft *94*

Unterrichtshilfen *97*
1 Didaktische Aspekte *97*
2 Didaktisch-methodische Literatur *99*
3 Unterrichtsreihen *100*
4 Unterrichtssequenz *101*
5 Arbeitsanregungen *108*
6 Klausurvorschläge *108*
7 Materialien *110*

Anhang *129*
Anmerkungen *129*
Literaturverzeichnis (Auswahl) *131*
Zeittafel zu Leben und Werk *135*

Wo Gewalt angewandt wird, da wird Gewalt geweckt.
(Karl Jaspers)

Vorwort

Wenn man heute nach einem Werk des bisher einzigen Literatur-Nobelpreisträgers der Bundesrepublik Deutschland fragt, das der Befragte gelesen hat oder inhaltlich kennt, so wird häufig die Erzählung *Die verlorene Ehre der Katharina Blum oder: Wie Gewalt entstehen und wohin sie führen kann* genannt. *Katharina Blum* wird nicht nur wegen des überschaubaren Umfangs gelesen; der Text greift mit der Darstellung des Schicksals einer zunächst unbescholtenen, sympathischen Frau, die unter den Druck einer polizeilichen Verfolgung und einer journalistischen Hetzjagd und Verleumdung gerät und schließlich zur Pistole greift und den Verleumder erschießt, einen möglichen Vorgang aus unserer Zeit auf, der sich unter gleichen oder ähnlichen Bedingungen jederzeit wiederholen könnte und deshalb besonders nahe geht.

Trotz der Zeitgebundenheit der Entstehungsgeschichte und der Darstellungsabsicht des Textes wie auch seiner erzählerischen Artistik ist es Böll hier gelungen, ein Werk zu schaffen, das wegen seiner Zeitnähe und Typik die übrige Erzählliteratur des Autors zu überragen und wohl auch zu überdauern scheint: *Katharina Blum,* wie der Titel oft verkürzt und im Folgenden zitiert wird, hat auch inzwischen einen festen Platz in der Schullektüre gefunden. Es scheint daher angemessen, Lehrern wie Schülern eine Interpretation zu bieten, die ein vertieftes Textverständnis unter Heranziehung wissenschaftlicher wie didaktischer Einsichten zu vermitteln sucht.

1 Zur Entstehung der Erzählung

1.1 Entstehungsanlässe

Bei keinem anderen literarischen Werk HEINRICH BÖLLS scheint die aktuelle politische und biografische Vorgeschichte so bedeutsam zu sein wie in BÖLLS Erzählung *DIE VERLORENE EHRE DER KAHTARINA BLUM ODER: WIE GEWALT ENTSTEHEN UND WOHIN SIE FÜHREN KANN*. Ein solcher Zusammenhang kann für die Interpretation des Textes hilfreich sein; er kann jedoch auch dazu führen, dass der Blick zu sehr auf diesen Zusammenhang fixiert wird, nur dessen Spiegelungen im Werk sucht und so den Text als Tendenzdichtung erfasst, aber andere Verstehenssignale und -elemente übersieht. Auf diese Gefahr einseitiger Aktualisierung des Textes muss gerade bei diesem Werk BÖLLS hingewiesen werden. Zunächst sei jedoch auf diese politisch-biografischen Zusammenhänge eingegangen.

1.1.1 Bölls politisch-gesellschaftliches Engagement bis zum ›Terrorismus-Streit‹

HEINRICH BÖLL hat sich immer als ein Schriftsteller verstanden, der sein literarisches Schaffen eng an bestimmte Zeitprobleme gebunden hat: Zunächst war es das Geschehen des Krieges, das er, der ihn sechs Jahre als Soldat erlebt hat, in all seinen Bitterkeiten und Härten, aber auch in manchen humanen Bewährungen in Kurzgeschichten und frühen Romanen schilderte. Die Probleme der Notzeit nach dem Krieg, die dann mehr und mehr sein Werk prägten, forderten weiterhin seinen Gerechtigkeitssinn in der Darstellung mancher Schicksale und Geschehnisse heraus. Den materialistischen und egoistischen Auswüchsen des *Wirtschaftswunders* wie auch dem verstärkten Einfluss einstiger Nazis antwortete er in zunehmendem Maße mit Stilmitteln der Satire. Ein ernsthaftes politisches Problem stellte für ihn die Remilitarisierung der Bundesrepublik in der Mitte der 50er-Jahre dar, der er ebenfalls in satirischen Texten begegnete (vgl. z. B. *HAUPTSTÄDTISCHES JOURNAL*).
BÖLLS zunehmend kritische Haltung gegenüber Regierung und Gesellschaft der Bundesrepublik spiegelt sich in den 60er-Jahren in zahlreichen Reden und Schriften. Besonders die Bildung einer großen Koalition zwischen CDU/CSU und SPD und einer gemeinsamen Regierung unter Kurt Georg Kiesinger als Bundeskanzler, der NSDAP-Mitglied seit 1933 war, und Willy Brandt als Vizekanzler und Außenminister und ihr

gemeinsames Eintreten für eine Verfassungsänderung zur Durchsetzung von Notstandsgesetzen verurteilte er scharf als **absolute politische Promiscuität.** Kiesinger sei eine **Zumutung** (Reid, S. 188). Schon 1965 hatte er übertreibend gemeint: **Die CDU hat in diesem Lande das Christentum, die SPD hat den Sozialismus zerstört.** (Reid, S. 187) Als Kiesinger im November 1968 von der Journalistin Beate Klarsfeld öffentlich geohrfeigt wurde, schickte Böll ihr zur Anerkennung Blumen, worauf selbst Günter Grass dies verurteilte, weil es der Gewalt Vorschub leisten könnte (Reid, S. 188). Böll schloss sich damals auch der außerparlamentarischen Opposition (APO) und der großen Protestbewegung gegen die Notstandsgesetze an und war dann einer der Redner auf der Kundgebung im Mai 1968 in Bonn.

Schon 1967 wurde Böll durch die politische Entwicklung zu weiteren Stellungnahmen und Aktionen herausgefordert. Die studentischen Unruhen, besonders in Berlin, eskalierten, nachdem am 2. 6. 1967 der Student Benno Ohnesorg bei einer Demonstration gegen den Schah von Persien in Berlin von einem Polizisten erschossen worden war. Gegen die studentischen Protestaktionen und Reformforderungen, die nun zunahmen, hetzten besonders die Zeitungen des Springer-Konzerns, während sich Böll auf die Seite der Studenten stellte, indem er um Verständnis für ihre Proteste warb. Im Oktober schloss sich Böll einem Boykott von 105 Mitgliedern der Autorenvereinigung *Gruppe 47* gegen die Springer-Presse an. Springers Zeitungen, besonders die Bild-Zeitung, richteten sich aber weiter gegen studentische Aktionen und ihre Wortführer, von denen Rudi Dutschke die größte Autorität und Redefertigkeit besaß. Ein Hauptpunkt studentischer Diskussionen war das Problem der Gewaltanwendung als Mittel des Protestes und zur Erreichung einer gerechten Sozialordnung, und zwar zunächst als Gewalt gegen Sachen, dann auch gegen Menschen. Bereits die große Demonstration gegen den Vietnamkrieg im Februar 1968 führte zu Ausschreitungen einzelner Gruppen.

Gewaltanwendung gegen Sachen und Menschen zur Erreichung radikaler Ziele wurde vor allem von einer Stadtguerillagruppe propagiert und eingesetzt, die sich später RAF = *Rote Armee-Fraktion* nannte und als *Baader-Meinhof-Gruppe* bekannter wurde, weil die einstige engagierte Journalistin Ulrike Meinhof und der von ihr 1970 aus dem Gefängnis mit Waffengewalt befreite Andreas Baader zu den Anführern dieser Gruppe zählten. Im April 1968 probte diese Gruppe ihre Taktik durch Brandstiftung in einem Frankfurter Kaufhaus. Die inzwischen gesteigerte publizistische Gegenkampagne der Springer-Zeitungen führte zur wenig differenzierenden Feindseligkeit in der Bevölkerung gegen alle demonstrierenden Studenten.

Aus Hass schoss am 11. 4. 1968 ein Arbeiter auf Rudi Dutschke und verletzte ihn lebensgefährlich. Die nun erneut einsetzenden Studentendemonstrationen zogen sich tagelang hin. Am 13. April forderte HEINRICH BÖLL zusammen mit dreizehn anderen Autoren, zumeist Professoren (ADORNO, JENS, GOLO MANN, MITSCHERLICH u. a.), die Beachtung der Forderungen gewaltloser Studenten und eine öffentliche Diskussion über die Springer-Presse. BÖLLS politisches Engagement nahm in der Folgezeit mehr und mehr zu. Dem Protest gegen die Notstandsgesetze 1968 folgten sein Eintreten für die SPD im Wahlkampf 1969, vor allem aber 1972, Reisen in die Sowjetunion und in die Tschechoslowakei (einen Tag vor dem sowjetischen Einmarsch) sowie Tätigkeiten für das deutsche PEN-Zentrum (dessen Präsident er 1970–72 war) und für den Deutschen Schriftstellerverband, den er mitbegründete, sowie für den internationalen PEN, als dessen Präsident (1972–74) er sich für die russischen Dissidenten einsetzte. Die Verleihung des Nobelpreises für Literatur im November 1972, ein Jahr nach dem erfolgreichen Roman *GRUPPENBILD MIT DAME*, schwächte die journalistischen Angriffe gegen BÖLL kaum ab, stärkte allerdings sein Ansehen, vor allem auch im Ausland, sodass er nun mit einem größeren Prestige seinen Standpunkt öffentlich verkünden konnte.

Als am 23. 12. 1971 nach einem Banküberfall von Unbekannten in Kaiserslautern, bei dem ein Zivilist erschossen worden war, die Bild-Zeitung schrieb **Baader-Meinhof-Gruppe mordet weiter!** (ohne irgendwelche Indizien für diese Behauptung zu besitzen) und BÖLL darauf mit einem Artikel im ***Spiegel*** mit der Überschrift: *WILL ULRIKE MEINHOF GNADE ODER FREIES GELEIT* antwortete? (der Titel stammte nicht von BÖLL), erreichte die Kontroverse zwischen BÖLL und den Springer-Zeitungen einen neuen Höhepunkt.

1.1.2 Bölls ›Spiegel‹-Artikel »Will Ulrike Meinhof Gnade oder freies Geleit?«

Wie die meisten *Linksintellektuellen,* so hatte auch HEINRICH BÖLL die Untaten der RAF nicht gebilligt, aber zunächst auch nicht öffentlich verurteilt. Schließlich hatte mancher von ihnen durch eigene Texte dazu beigetragen, dass die Loyalität vieler Jugendlicher zum westdeutschen Staat und seinen Einrichtungen erheblich geschwächt, mitunter sogar zerstört wurde. BÖLL schien zunächst auch noch die Beteuerungen in einem frühen RAF-Manifest zu glauben: **Wir schießen, wenn auf uns geschossen wird. Den Bullen, der uns laufen läßt, lassen wir auch laufen.** (Es bleibe hier unerörtert, inwieweit ein Ernstnehmen solcher Sätze, die BÖLL in seinem Artikel zitiert, bereits eine gewisse Duldung der RAF-

Taten impliziert). Böll sah damals in dem Manifest **eine Kriegserklärung von verzweifelten Theoretikern, [...] deren Theorien weitaus gewaltsamer klingen als ihre Praxis ist**, was sich allerdings als folgenschwerer Irrtum Bölls erweisen sollte.

Als Böll am 10. 1. 1972 im *Spiegel* den oben genannten Aufsatz publizierte, löste dies eine ungeahnte Protestwelle gegen den Verfasser bei denen aus, die diesen Text nur als Eintreten für Ulrike Meinhof verstanden (oder gar nicht gelesen und verstanden hatten).

In Wirklichkeit richtete sich Bölls Text zunächst und hauptsächlich gegen die Methode der Berichterstattung der *Bild*-Zeitung, die hier Schuldzuweisungen vornahm ohne dafür Anhaltspunkte und Beweise zu haben (vgl. Mat. 7). Böll geht dann erst auf das RAF-Manifest ein und sucht dessen aggressiven Charakter abzuschwächen, kommt aber wiederholt auf die *Bild*-Berichterstattung zurück, die er **nicht mehr kryptofaschistisch, nicht mehr faschistoid**, sondern als **nackten Faschismus, Verhetzung, Lüge und Dreck** bezeichnet. Nachdem Böll in einer Mischung von satirischer und sachlicher Darstellung auch auf die schlechte Bezahlung der Polizei, auf die Freude des deutschen Fernsehpublikums an E. Zimmermanns xy-Sendungen (**der Spießer bei Bier und Pantoffeln**), an Greuelsendungen mit fact- und fiktion-Mischungen und auf das Missverhältnis von 6 RAF-Mitgliedern (!?) zu 60 Millionen Einwohnern hingewiesen hat, fordert er schließlich **freies Geleit** für Ulrike Meinhof zu einem öffentlichen Prozess, den er aber gleichzeitig auch für Axel Springer wegen *Volksverhetzung* verlangt. Schließlich sei eine Überschrift wie **Baader-Meinhof-Gruppe mordet weiter** eine **Aufforderung zur Lynchjustiz**, da hier entgegen deutschen Rechtsgeboten jemand unbewiesen als *Mörder* denunziert werde ohne rechtskräftig verurteilt zu sein. Böll begründet weiter: **Millionen, für die *Bild* die einzige Informationsquelle ist, werden auf diese Weise mit verfälschten Informationen versorgt.** (In *Die verlorene Ehre der Katharina Blum* gestaltete Böll dieses Problem bewusster Falschinformationen und Vorverurteilung von Menschen als Hauptproblem des Textes).

Dieser von einem **gerechten Zorn** gegen derartige Informationsmanipulationen diktierte, wenig durchreflektierte und durchgestaltete Aufsatz Bölls, der durch eine *Panorama*-Sendung zusätzlich bekannt wurde, löste eine vom Autor und Herausgeber nicht geahnte Flut an Reaktionen aus, überwiegend negative, die den Verfasser des Textes in wohlgesetzter oder unflätiger Weise als Freund und Befürworter der RAF-Verbrechen denunzierten usw. Der Name Heinrich Bölls wurde für längere Zeit zum Zielpunkt für alle Schmähungen konservativ eingestellter Bürger gegen linke Protestaktionen und Reformforderungen, wie ihn radikale Linke als Bundesgenossen für sich zu vereinnahmen suchten.[1]

Die von Böll angegriffene *Bild*-Zeitung heizte nun ihrerseits durch Artikel gegen Böll eine Pogromstimmung an[2], auch noch nachdem Böll im November 1972 durch die Verleihung des Nobelpreises für Literatur weltweit geehrt worden war.

1.1.3 Das Erscheinen der Erzählung und die Motive des Autors

Als Böll im Juli/August 1974 seine Erzählung veröffentlichte, zunächst in vier Fortsetzungen im *Spiegel* (der damit erstmals literarische Erstveröffentlichungen brachte), dann in der Form eines Buches, das zum Bestseller des Jahres 1974 wurde, sahen manche literarisch Orientierte darin einen Racheakt Bölls gegen die *Bild*-Zeitung für die vielen Schmähungen, die er 1972 hatte erleiden müssen. Böll selbst hatte durch frühere Andeutungen dazu Anlass gegeben, so etwa, als er im Februar 1972 einem Schweizer Journalisten auf die Frage, ob die **Vorgänge der vergangenen Wochen eines Tages in einem Roman ihren Niederschlag finden** würden, antwortete:

> **Nein. Allerdings könnte es sein, daß das eine oder andere in verwandelter Form zur Rache verwendet wird. Auch ein Schriftsteller möchte sich gelegentlich mal rächen.[3]**

Man hat dann in der Kritik darauf hingewiesen, dass die Erzählung (soweit sie als *Rache* aufgefasst wurde) eine *literarische Retourkutsche* und somit eine persönliche Polemik sei, der man als Tendenzdichtung in der Regel wenig literarisch-künstlerischen Wert zuerkennt. Bölls Text nur so zu verstehen hieße allerdings ihn falsch zu verstehen. Es gibt in der Weltliteratur viele Dichtungen, die aus persönlicher Betroffenheit, Protest ihrer Autoren, auch aus Rache, hervorgegangen sind. Entscheidend für ihren literarischen Wert ist jedoch, inwieweit es ihnen gelang, die persönlichen Empfindungen und subjektiven Einzelheiten zu allgemein gültigen Darstellungen, mitunter auch zu Bloßstellungen, zu steigern. Wer Bölls Erzählung sorgfältig liest und deutet, wird diese literarische Qualität ohne weiteres daran erkennen, dass hier eine junge Frau durch den Druck der Justizbehörde einerseits, mehr noch aber durch wiederholte rufmordartige Verleumdungen durch ein Boulevardblatt andererseits in ihrem seelischen Gleichgewicht, ihrer Identität mit sich und der Welt so weit gestört wird, dass das verletzte Selbstgefühl in tödliche Aggressivität umschlägt, die zum Mord an dem schuldigen Journalisten führt. Böll hat dies auch in fast barocker Manier im zweiten Teil des Doppeltitels des Werkes ausgedrückt: *Wie Gewalt entstehen und wohin sie führen kann.*

Wie der junge GOETHE in seinem *WERTHER* eigenes Liebeserleben mit seinen Verstrickungen zur Darstellung eines solchen erlebenden jungen Mannes und seiner Ausweglosigkeit nutzte und so Literatur als Möglichkeit eigenen Scheiterns gestaltete, so formte BÖLL im Schicksal der Katharina Blum das Modell eines heutigen Lebensschicksals. BÖLL hat nach dem Erscheinen der Erzählung darauf hingewiesen, dass er bei der Abfassung des Werkes auch das Schicksal des Psychologieprofessors Peter Brückner in Hannover vor Augen hatte[4], der im Januar 1972 zeitweilig vom Dienst suspendiert worden war, weil er Angehörige der Baader-Meinhof-Gruppe in seinem Haus übernachten ließ. Ähnlich wie BÖLL nach seinem *Spiegel*-Aufsatz über Ulrike Meinhof wurde Brückner nach Bekanntwerden dieser Vorgänge in den Medien angegriffen und verleumdet, was er wie folgt charakterisierte:

> **Ich sah mich bald einer Situation gegenüber, die mich zum Opfer abstempelte, dem allgemeine Verachtung zuteil wurde. Ich wurde gleichsam umklammert. Es entstand eine Scheinrealität um mich herum. Je nachdem, wann und in welchen Zeitungen Berichte über mich erschienen, setzte bei Tag und bei Nacht eine Flut von anonymen Telefonanrufen ein. Es gab viele Drohbriefe. Auf der Straße wandten sich viele von mir ab. Ich sah mich plötzlich betroffen, belastet, diffamiert und fragte mich: Bin ich's, oder bin ich's nicht? […] Es wurde eine neue Person B. produziert, wobei sich ein Image herausbildete, das dem Selbstverständnis des Opfers nicht mehr entsprach. – Durch die negative Publicity war ich zur Unperson geworden.[5]**

Zwischen Brückners Erleben und Katharinas Erleben ergeben sich manche Parallelen:

1. Bei beiden besteht ein polizeilicher Verdacht, dass sie Terroristen beherbergt haben.
2. Der Verdacht der Polizei wird der Presse bekannt gegeben, die ihn in teilweise verleumderischen Entstellungen oder Weiterungen publiziert.
3. Die Pressemitteilungen führen zu einer *Hetzjagd* und Verleumdungskampagne gegen den Angeschuldigten.
4. Der Angeschuldigte sieht sich in der Öffentlichkeit einem negativen Bild seiner selbst gegenübergestellt; er ist zur *Unperson* geworden.
5. Der Angeschuldigte möchte diesen Zustand beenden.

Natürlich ist Katharinas Situation trotz der aufgezeigten Parallelen eine ganz andere, wie die Interpretation zeigen kann. BÖLL wählt keinen Intellektuellen zur Hauptfigur seines Textes; er wählt das intellektuelle Ehepaar Dr. Blorna lediglich zu Nebenfiguren. Die Heldin BÖLLS wird dagegen mit einer reicheren emotionalen Grundlage ausgestaltet, die das fiktive Geschehen so verständlicher und glaubwürdiger erscheinen lässt.

1.2 Literaturgeschichtliche Motivparallelen

In der Frage nach den Faktoren, die bei der Ausprägung von BÖLLS *KATHARINA BLUM* mitgewirkt haben, wird man auch die literarischen Motivtraditionen nicht ganz ausschließen können, wenn es auch schwierig ist, hier exakte Zuordnungen zu treffen. Wenn allerdings BÖLL im Titel auf die *verlorene Ehre* seiner Hauptfigur hinweist, so ordnet er das Werk damit ausdrücklich einer Motivtradition zu, die eine lange Geschichte vom Mittelalter bis in die Gegenwart aufweist. Aus der Vielzahl der hierfür relevanten Texte seien nur einige herausgegriffen, die BÖLL wahrscheinlich gekannt hat. So besteht z. B. eine gewisse Parallelität im Titel zwischen BÖLLS *DIE VERLORENE EHRE DER KATHARINA BLUM* und FRIEDRICH SCHILLERS *DER VERBRECHER AUS VERLORENER EHRE,* einer Erzählung, in der der Held seinen Nebenbuhler, der ihn um Ansehen, Besitz und Braut bringt, tötet, später aber die Tat bereut und sich so mit der Gesellschaft versöhnt. Das zweite Werk aus dieser Motivkette, das BÖLL kannte[6], war KLEISTS *MICHAEL KOHLHAAS,* die Geschichte eines **der rechtschaffensten Menschen seiner Zeit,** dem Unrecht zugefügt und nicht vergolten wird, worauf er zur Selbstjustiz greift und eine Reihe von Eskalationen bewirkt, bis er schließlich gehenkt wird. Die Empfindlichkeit der Ehre ist auch Hauptmotiv in BRENTANOS *VOM ARMEN KASPERL UND SCHÖNEN ANNERL* wie auch in den verschiedenen Duellgeschichten von FONTANES *SCHACH VON WUTHENOW* und *EFFI BRIEST* etwa bis zu SCHNITZLERS *LIEBELEI.* Bei allen diesen Texten ging es allerdings stets um die Ehre eines Mannes als gesellschaftliches Ansehen und inneres Wertbewusstsein. Wenn bisher von der Ehre eines Mädchens oder einer Frau die Rede war, so handelte es sich fast immer um deren moralisch-sexuelle Unschuld oder deren Ruf in moralisch-sexueller Hinsicht.

Wenn BÖLL hier diesen Aspekt zurücktreten lässt (ohne ihn ganz aufzugeben) und den männlichen Ehrabschneider durch eine Frau umbringen lässt, kann man hierbei auch eine Rücksichtnahme des Autors auf die gewandelten Auffassungen von der Rolle der Frau, ihrer Emanzipation und Gleichberechtigung sehen.

1.3 »Katharina Blum« in Bölls Gesamtwerk

Obwohl *Katharina Blum* besonders der Aktualität der frühen 70er-Jahre im Leben und Werk Bölls verhaftet ist, nimmt dieser Text auch einen bestimmten Stellenwert in der literarischen Gedankenentwicklung des Autors ein, auf den im Folgenden verwiesen werden soll. Als ein gemeinsamer Zug in allen größeren Erzähltexten Bölls (mit Ausnahme einiger Kriegstexte, wie z. B. *Das Vermächtnis* und Satiren) kann die helfende und heilende Rolle einer selbstständig handelnden Frau gegenüber dem auserwählten und geliebten Mann gelten, die der Autor in immer neuen Variationen gestaltet hat. In den gegenwartsbezogenen Texten ist diese Rollenfunktion der Frau fast stets mit Auseinandersetzungen über gesellschaftliche Vorurteile verbunden. Das beginnt mit *Und sagte kein einziges Wort* (1953), wo Käthe Bogner im Kontrast zu der Scheinfrömmigkeit der Umwelt in echt empfundener Religiosität um den Fortbestand ihrer Ehe kämpft und sogar nach der Trennung von ihrem Mann in ein billiges Hotel geht um bei ihm zu sein, setzt sich fort in der Auseinandersetzung der Kriegerwitwen gegen die Vorurteile der Umwelt in *Haus ohne Hüter* (1954) und spiegelt sich auch in der Kontrastfunktion des Mädchens Hedwig, das für den haltlosen Walter Fendrich in *Das Brot der frühen Jahre* (1955) zum Anfang eines neuen Lebens wird. In *Billard um halbzehn* (1959) ist es die Großmutter Johanna Fähmel, die gegenüber der NS-Ideologie, der auch ein Sohn verfällt, während der andere im Widerspruch dazu bleibt, nicht schweigen kann und deshalb seit Kriegsbeginn fast zwanzig Jahre in einer Nervenheilanstalt verweilt. Bei der Festfeier zum 80. Geburtstag ihres Mannes schießt sie jedoch auf einen Minister, der rechtsradikale Verbände ehrt. Sie eilt somit Katharina Blum motivisch voraus, allerdings ohne deren tödliche Auswirkung zu erreichen.

In *Ansichten eines Clowns* (1961) ist es die in den Rückblicken und Reflexionen des *Clowns* Hans Schnier erscheinende Marie Derkum, die mit ihm jahrelang gegen die bürgerlichen und moralischen Konventionen verstieß, dann aber den Erwartungsnormen ihres Lebensgefährten zuwiderhandelt, indem sie ihn verlässt und eine kirchlich gesegnete Ehe mit einem anderen eingeht. Während Frauen in *Entfernung von der Truppe* (1964) (dessen Titelmotiv Katharinas Geliebter realisierte) und *Ende einer Dienstfahrt* (1966) nur verhältnismäßig unwichtige Rollen spielen, kommt ihnen in Bölls bis dahin bedeutendstem Roman, dem Bestseller *Gruppenbild mit Dame* (1971), eine umso größere Bedeutung zu. Der Typ der helfenden und heilenden Frau, in Leni Gruyten vor allem in ihrer Zuwendung zum russischen Kriegsgefangenen Boris und ihrem gemeinsamen Sohn Lev eindrucksvoll verdeutlicht, wird hier sogar in mehreren Nebenrollen abgewandelt (etwa in den Nonnen Rahel Ginsburg und Clementia, oder in der Liebesspenderin Margareta).

Die hier genannten Frauenfiguren sind mehr oder weniger Vorläuferinnen der Katharina Blum, indem sie Hilfe für Not Leidende und Gefährdete und Protest gegen einengende gesellschaftliche Konventionen mit ihr gemeinsam haben. Allerdings offenbaren sie auch bedeutsame Unterschiede, nicht nur in der Erzählweise (s. Kap. 6), sondern auch in inhaltlichen Akzentuierungen, und spiegeln darin gewisse Neuorientierungen des Autors. So ist z. B. die religiöse Komponente, die in BÖLLS früheren Werken – etwa bis hin zu *ANSICHTEN EINES CLOWNS* – noch eine Rolle spielt, ziemlich zurückgetreten: Nur im Rückblick (24, S. 41) wird berichtet, dass Katharina Blum schon mit neunzehn Jahren aus der Kirche ausgetreten ist; die geschilderten kirchlichen Verhältnisse samt dem Dorfpfarrer wirken dagegen wie ein satirisches Zerrbild. Als weiterer Unterschied zu den bisherigen Werken, auf die im Einzelnen noch eingegangen werden soll, wäre die nun bestehende Gegensätzlichkeit und Radikalität in den Auseinandersetzungen zwischen den Figuren der Erzählung hervorzuheben. Sowohl das Eingreifen der staatlichen Gewalt in Form der Polizei- und Justizorgane in den privaten Bereich und die Form einer journalistischen Hetzjagd und Verleumdung als auch die tödliche Konsequenz in der Reaktion der Verleumdeten sind Beispiele, die im bisherigen Werk nicht oder nur in der NS-Vergangenheit und im Krieg vorkamen. BÖLL hatte allerdings zu Beginn der 70er-Jahre ähnliche Erfahrungen gemacht (öffentliche Verleumdungen in Presseartikeln, Reden und Kommentaren, polizeiliche Umstellung seines Landhauses in der Eifel, Hausdurchsuchung bei seinem Sohn[7]) und konnte sich zudem auf schlimmere Erfahrungen des Hannoveraner Psychologieprofessors Brückner berufen (s. Kap. 1.1.3). Die extreme Zuspitzung im Handeln Katharina Blums war als Darstellung möglicher Konsequenzen eine andere Form von **Linienverlängerung** (um den von K. Jeziorkowski[8] für die Satireauffassung BÖLLS eingeführten Begriff hier zu gebrauchen). Im Extremen sollten typische Grundzüge der erlebten Wirklichkeit als exemplarische Möglichkeit verdeutlicht werden.

2 Handlungsstruktur

Böll hat sich durch die Einführung eines ungenannten Berichterstatters, der die Ereignisse in ihren Einzelheiten wie in ihrer Reihenfolge nach seinem Gutdünken schildert, die Möglichkeit geschaffen von der zeitlichen wie kausalen Anordnung der Vorgänge abzuweichen.

2.1 Handlungsverlauf

Zum besseren Textverständnis erscheint es jedoch sinnvoll, die Abfolge der Ereignisse in sukzessiver Reihenfolge zusammenzustellen. Dabei sollten auch Rückblicke und Ausblicke berücksichtigt und sollte zwischen Vorgeschichte und Hauptgeschehen differenziert werden.

Nach Stichworten geordnet ergibt sich so folgender Geschehens- und Handlungsverlauf (Kapitelangabe in Klammern):

a) Vorgeschichte Katharinas (aus dem Rückblick Kap. 15)

2. 3. 1947	als Tochter eines Bergmanns und einer Putzhilfe geboren
1953–61	Volksschule
1961–62	Hausgehilfin in einer Metzgerei
1962–65	Besuch einer Hauswirtschaftsschule
1966–68	Wirtschafterin und Hausgehilfin bei verschiedenen Arbeitgebern
1968	Heirat mit Wilhelm Brettloh
	Gelegenheitsarbeit als Serviererin, Verlassen des Ehemannes nach halbjähriger Ehe
	Wohnung bei *Tante* Woltersheim, Scheidung
1968–69	Wirtschafterin und Hausgehilfin bei Dr. Fehnern
1969	Weiterbildung zur staatlich geprüften Wirtschafterin
	Wechsel zu den Eheleuten Dr. Blorna (n. Verhaftung Dr. Fehnerns), abends Zusatzarbeit bei Ehepaar Dr. Hiepertz und bei Empfängen u. Ä.
1970	Kauf einer Eigentumswohnung mit Unterstützung von Dr. Blorna
1972	Kauf eines gebrauchten Volkswagens

b) Hauptgeschehen

Mittwoch, 20. 2. 1974
nachmittags: Auszahlung von zwei Wochengehältern an Katharina und Abreise der Eheleute Dr. Blorna in den Urlaub (8),
Zusatzarbeit Katharinas bei Dr. Hiepertz (8),
Ludwig Götten und (der Polizeispitzel) Karl treffen in einem Café Herta Scheumel und Claudia Sterm und werden von ihnen zur Abendparty bei Frau Woltersheim eingeladen (29)

Mittwochabend:
Katharina erscheint ebenfalls zur Party (8), trifft dort Götten und bleibt den ganzen Abend mit ihm zusammen (von Karl beobachtet) und nimmt ihn danach mit in ihre Wohnung (9),
Götten bleibt nachts bei Katharina, verlässt morgens die Wohnung durch einen geheimen Kellerausgang und entgeht so der polizeilichen Überwachung (auch der telefonischen, die Kommissar Beizmenne veranlasst hatte) (10, S. 16).

Donnerstag, 21. 2. 1974:
10.30 Uhr: Eindringen Beizmennes mit acht Polizisten in Katharinas Wohnung (7), Durchsuchung (13),
11 Uhr: Abführung Katharinas (14),
11.30–12.30 Uhr, 13.30–17.45 Uhr, 17.45–20.40 Uhr: Verhöre Katharinas (15, 16, 17);
gleichzeitig Donnerstagnachmittags: 15.30 Uhr: Vorsprache eines Reporters der ZEITUNG bei Dr. Blorna am Urlaubsort, Befragung über Katharina (21)
Donnerstagabend:
Begleitung Katharinas nach Hause durch Beizmennes Assistenten Moeding (20)
nachts: Anruf Göttens bei Katharina (25).

Freitag, 22. 2. 1974
morgens: 5 Uhr: Fahrt Katharinas zur Woltersheim (24),
Entdeckung des ZEITUNGs-Berichts, anschließend erneutes Verhör Katharinas über ihre persönliche Habe (24),
Tötges' Eindringen ins Krankenhaus zu Katharinas Mutter in Anstreicherkleidung (42) und angebliches Interview,
9.30 Uhr: Blorna entdeckt ZEITUNGs-Bericht über K. und ihn (22),
10.25 Uhr: Anruf Lüdings bei Blorna (22),

10.40 Uhr: Anruf Katharinas bei Blorna (22),
11.00 Uhr: Anruf Sträubleders bei Blorna (22),
11.30 Uhr: Blornas Entschluss zur Abreise,
12.15 Uhr: Abreise, Verzögerungen wegen Nebel, Fahrt mit dem Zug (22),
Vernehmung der Frau Woltersheim (28), Hertha Scheumels und Claudia Sterms (29) und abermals Katharinas (32),
Fahrt Katharinas mit Woltersheim und Beiters in ihre Wohnung, Durchsicht der Post und Zertrümmerung von Flaschen (34, 35),
abends: Katharina bei Frau Woltersheim (37)

Samstag, 23. 2. 1974
morgens: Katharina besorgt sich eine ZEITUNG (37),
Trude Blorna kauft n. Ankunft ebenfalls die ZEITUNG (22, 37),
8.15 Uhr: Lektüre der ZEITUNG b. Frühstück der Blornas (23, 38),
Besuch Sträubleders bei Blorna (39),
Ankündigung der Interviewvereinbarung Katharinas mit Tötges (40),
Nachricht von Göttens Festnahme in Sträubleders Landhaus und vom Tod der Mutter Katharinas (40),
Besuch Katharinas mit Woltersheim im Krankenhaus bei toter Mutter, Katharina erst kühl, dann weinend (44),
mittags: Treffen der Blornas, Frau Woltersheims, Beiters' und Katharinas im Café Kloog in Kuir (44),
Erläuterung über Sträubleders Besuch bei Katharina (44),
abends: gemeinsamer Abend bei Woltersheim, entspannte Atmosphäre, Übernachtung Katharinas bei Woltersheim (46)

Sonntag, 24. 2. 1974
morgens: Katharinas Lektüre der SONNTAGSZEITUNG, Vorbereitung des Frühstücks, Bericht über Inhalte der SONNTAGSZEITUNG (47, 48),
Blornas Versuch Molotow-Cocktail zu basteln, Verhinderung durch seine Frau, telefonische Beleidigung Lüdings durch Frau Blorna, Krach bei Blornas (49),
Diebstahl von Beiters' Pistole durch Katharina (57),
10–12 Uhr: Katharina im Journalistenlokal *Goldente*, vergebliches Warten auf Tötges (49),
danach Heimfahrt Katharinas, wenig später Tötges' Ankunft und sexueller Annäherungsversuch, Erschießung durch Katharina,
Flucht Katharinas aus der Wohnung, Mitarbeit im Journalistenlokal
12–16 Uhr: in Kirchen und Kinos vergebliches Suchen nach Reue, Kaf-

feetrinken im Café Bekering, Fahrt mit Taxi zu Kommissar Moeding und Selbstanzeige (3, 58),
Verständigung Beizmennes durch Moeding und Verhaftung Katharinas, Aufsuchen der Mordstelle und Auffinden der Leiche (3)

nach dem Mordtag:
Blornas Übernahme der Verteidigung Katharinas, später auch Göttens (51), Recherchen beim Pfarrer von Gemmelsbroich (50),
negative Berichte der ZEITUNG über Blorna durch Tötges' Nachfolger Templer (52), Scheidungsgerüchte (51),
Degradierung Blornas als RA der Firmen Lüdings und Sträubleders (Lüstra, Haftex), Selbstvernachlässigung Blornas (52),
Beeinflussungsversuche Blornas gegenüber Katharina zur Ausschließung einer längeren Mordplanung (53),
vorbildliches Verhalten Katharinas als Küchen- und Wirtschaftshelferin in der Haft (53),
zunehmende Aggressivität der Woltersheim (55) und der Blornas (56),
tätlicher Streit mit Sträubleder (56),
möglicher Stellenverlust Trude Blornas (57)

2.2 Textaufbau

Bölls Geschichte um Katharina Blum ist vom Inhalt her eine Kriminalerzählung, in der es um mehrere vorgebliche wie tatsächliche Verbrechen geht, die aufgeklärt werden sollen. Wie in den meisten Kriminalgeschichten steht die eigentliche Tat am Anfang, hier in der Übersicht des dritten Kapitels. Im Gegensatz zu anderen Kriminalgeschichten, in denen nach der Tat der Täter gesucht werden muss, stellt sich der Täter – Katharina Blum als die *Mörderin* des Journalisten Tötges – der Polizei selbst; ein Suchen und schrittweises Entdecken ist also nicht notwendig. Trotzdem geht es auch hier um ein stufenweises Aufdecken und Enthüllen, der Motive nämlich, die Katharina zur Erschießung des Journalisten veranlassten. Diese Motive werden erst während der Erzählung der Geschehnisse vor der – gleichsam abschließenden – Tat Katharinas aufgebaut.

Ausgangspunkt dieser Entwicklung ist aber ein anderes *Delikt* Katharinas: die Aufnahme und Fluchthilfe für den polizeilich gesuchten Ludwig Götten, Katharinas Geliebten für eine Nacht. Indem die Polizei Katharina wegen dieser Handlungen wiederholt verhört und darüber die Sensationen witternde ZEITUNG sehr früh informiert, setzt sie gleichzeitig die Pressekampagne des Journalisten Tötges gegen Katharina in Gang, die Katharinas Wiederstand gegen ihren journalistisch inszenierten Ehrverlust aufweckt und Tötges schließlich selbst das Leben kostet.

Wenn man die Mordgeschichte des dritten Kapitels als Anfang nimmt (die beiden einleitenden Kapitel über die Art der Informationen sind hierfür periphere Einleitungen), so ist die Erzählung analytisch aufgebaut und wird rückblickend erzählt; sieht man jedoch in Katharinas Begegnung mit Ludwig Götten und den folgenden Polizei- und Presseaktionen den Anfang (ebenfalls im 3. Kapitel), so wird hier sukzessiv fortschreitend erzählt (allerdings mit Rückblicken oder Nachholungen); am Schluss (58. Kapitel) werden Details des 3. Kapitels noch einmal wiederholt.
Die nachstehende Inhaltsübersicht über die 58 größeren und kleineren Textabschnitte, die hier als Kapitel bezeichnet werden, kann das verdeutlichen:

Nr.	Inhalt	Zeit
1	Haupt- u. Nebenquellen	
2	Vergleich der Quellen mit Pfützen u. Kanälen	
3	Übersicht der Ereignisse der vier Tage	
4	Mord an Schönner – Schuld Katharinas?	
5	Bemerkung eines Karnevalisten	
6	Reaktion der ZEITUNG auf beide Morde	
7	Katharinas *Aufstieg*/Tötges' Beerdigung	
8	Blornas Urlaubsreise u. Katharinas Zeitplan	
9	Überwachung Göttens u. Katharinas	
10	Beizmennes Telefonabhörung	
11	Eindringen der Polizei in Katharinas Wohnung	Donnerstag
12	Reflexion über evtl. unanständige Frage Beizmennes	
13	Forts. der Festnahme Katharinas	Donnerstag
14	Zuschauer u. Presse b. Katharinas Abführung	Donnerstag
15	Vernehmung über Katharinas Entwicklung	Donnerstag
16	Katharinas Verhalten in der Zelle	Donnerstag
17	Katharinas Vernehmung über Frau Woltersheim	Donnerstag
18	Katharinas Streit über Einzelwörter	Donnerstag
19	Aussagen von Hausgenossen über *Herrenbesuche*	Donnerstag
20	Moedings Sorge über Katharinas Zustand	Donnerstag
21	Reporter d. ZEITUNG b. Blorna i. Urlaub	Donnerstag
22	Blorna liest sein entstelltes Interview / Heimreise	Freitag
23	ZEITUNGs-Berichte über Katharinas Mutter, Ehemann u. Dr. Hiepertz	Samstag
24	Neue Vernehmung Katharinas wegen Fahrten und Ring	Freitag
25	Vernehmung wegen Fr. Woltersheim, vorher Anruf Ludwigs	Freitag
26	Hinweise auf K.s strafbare Handlung durch Blorna u. Woltersheim	Freitag
27	Katharina fordert Schutz vor der ZEITUNG wegen ihrer **verlorenen Ehre**	Freitag
28	Protest der Fr. Woltersheim gegen ZEITUNG; Streit m. Staatsanwalt Dr. Korten	Freitag

Nr.	Inhalt	Zeit
29	Vernehmung der Mädchen wegen Götten und *Karl*	Freitag
30	Forts. der Vernehmung der Mädchen	Freitag
31	Vernehmung der übrigen Partygäste	Freitag
32	nochm. Vernehmung Katharinas wg. Götten	Freitag
33	Dr. Korten kennt *Karl* nicht	Freitag
34	Besuch Katharinas m. Woltersheim in der eigenen Wohnung / Belästigungen	Freitag
35	Katharina verwüstet die eigene Wohnung	Freitag
36	Reflexion über den Mordentschluss	nach Sonntag
37	freier Freitagabend Katharinas: Samstag früh: Zeitungskauf K.s	Samstag
38	Samstag b. Blorna: Anruf b. Hach, Trudes Deutung der *Herrenbesuche*, gesteht Verrat der Hauspläne	Samstag
39	Sträubleder bei Blorna	Samstag
40	Spannung zw. Sträubleder u. Blorna; Nachricht von Katharinas Plan d. Interviews m. Tötges; Sträubleder schwächt Vorwürfe gegen ZEITUNG ab, berichtet v. Landhaus-Schlüssel an Katharina, Nachricht v. Göttens Verhaftung i. Sträubleders Haus u. vom Tod der Mutter Katharinas	Samstag
41	Reflexion über Blorna, Lüding u. Telefonabhörung	unbestimmt
42	Tötges' Reportage über Aufsuchen der Mutter K.s / Entstellung i. ZEITUNG	Freitag/ Samstag
43	Tod der Mutter Katharinas	Samstag
44	Treffen Blornas u. d. Fr. Woltersheim m. Katharina i. Café; Besuch d. toten Mutter; Gespräch m. d. Arzt; K.s Bericht über Sträubleder u. Göttens Flucht	Samstag
45	gemeins. *netter* Abend; kein Verzicht auf Interview	Samstag
46	ruhiger Abend	Samstag
47	K. liest SONNTAGSZEITUNG m. Bericht über angebl. Kälte Katharinas b. Tod d. Mutter, versuchte moralische Zerstörung Sträubleders u. Beschuldigung Trudes	Sonntag
48	Beizmenne rechtfertigt späte Verhaftung Göttens, dankt ZEITUNG für Mithilfe u. a. bei Aufdeckung der kommunistischen Vergangenheit der Woltersheim	?
49	Beschuldigungen Katharinas i. SONNTAGSZEITUNG, Zornesausbruch Blornas u. Trudes; Katharina geht i. Journalistenlokal	Sonntag
50	Blorna sucht K.s Pfarrer auf	nach Sonntag
51	Fehler Blornas wegen Doppelverteidigung, später finanzielle Verluste wegen Katharinas Wohnung	Sonntag
52	wirtschaftlicher Abstieg Blornas wegen Sträubleder u. Lüding; Vernachlässigung i. Kleidung u. Geruch; Foto b. Pfandleiher	Sonntag
53	keine Reue Katharinas; vorbildliches Verhalten im Gefängnis	Sonntag

Nr.	Inhalt	Zeit
54	keine Mordanklage gegen Götten, nur wegen Diebstahl bei Bundeswehr	Sonntag
55	Verbitterung d. Woltersheim wegen Verleumdung ihrer Eltern	Sonntag
56	Blorna ohrfeigt Sträubleder b. Ausstellung, Blutstropfen als *Kunst*	Sonntag
57	Niedergang Blornas; Entdeckung der Pistole von K. Beiters als Tatwaffe	Sonntag
58	Katharina berichtet Blorna den Tathergang der Erschießung von Tötges, der ihr zu nahe trat	

Die Übersicht zeigt, dass sich die einzelnen Kapitel verschieden gruppieren lassen, und zwar nach Personengruppen, Handlungseinheiten, Tagen oder Erzählfunktionen. BÖLL hat hier zweifellos nach einem bestimmten Plan gearbeitet[9], die Fabel gegliedert und den Teilen bestimmte Zahlenproportionen zugeordnet. Dafür sprechen die Zehnerblöcke des ersten Teils ebenso wie das mitunter sinnlose Aufsplittern von Handlungseinheiten in Kapitel (vgl. z. B. 45–46). Man kann unter diesem Aspekt die ersten zehn Kapitel als eine Art Exposition begreifen, wobei Kap. 1 und 2 die Informationsquellen reflektieren; Kap. 3 enthält die Gesamtübersicht (s. o.), Kap. 4 bietet einen Nebenverdacht, der jedoch schnell entkräftet wird; Kap. 5 verweist auf den geschäftlichen Hintergrund des rheinischen Karnevalstreibens; in Kap. 6 kommt erstmals die ZEITUNG zu Wort; Kap. 7 wendet sich Katharina zu ebenso wie Tötges; in Kap. 8 werden die Blornas und ihr Verhältnis zu Katharina gespiegelt, außerdem wird auf den folgenden Zeitplan verwiesen; Kap. 9 und 10 greifen bereits die Aktionen der Polizei auf, die dann bis zum 33. Kapitel durchgehend und dann in Kap. 40, 48, 54, und 58 sporadisch das Geschehen bestimmen.

Katharina, Götten, Tötges, die Blornas und die Polizei bzw. Justiz sind also – wie in einer Dramenexposition – in den ersten zehn Kapiteln eingeführt. Es folgen dann die größeren Handlungseinheiten: in Kap. 11–20 Katharinas Festnahme und erste Vernehmung, alles am Donnerstag (Weiberfastnacht), dann – unterbrochen durch die Aktivitäten der ZEITUNG um Blorna (Kap. 21–23) – an den zwei Tagen Donnerstag bis Samstag die weiteren Vernehmungen.

Diese Fortführung bis zum Samstagmorgen (Heimkehr der Blornas) veranlasst den Erzähler den Neueinsatz der polizeilichen Vernehmungen mit den folgenden zehn Kapiteln (24–33) als **eine Art Rückstau** zu kennzeichnen, **etwas, das man im Film und in der Literatur Rückblende nennt** (S. 39). Diese nachgeholten Vernehmungen am Freitag beziehen nicht nur Katharina wegen ihrer Autofahrten und wegen eines ihr von

Sträubleder geschenkten Ringes ein, sondern auch ihre Freundin und *Tante* Else Woltersheim und die beiden Mädchen Hertha Scheumel und Claudia Sterm, die den wohnsitzlosen Ludwig Götten und seinen als Scheich verkleideten Begleiter, den Polizeispitzel *Karl*, zu Elsas Party mitbrachten, sowie die weiteren Partygäste. Diese zweite Vernehmungsreihe, die in Kap. 33 mit einer Art Satyrspiel um den ahnungslosen Staatsanwalt Dr. Korten endet, der die Identität jenes *Karl* nicht kennt und nach ihm fahnden lassen will, enthält zwei für Katharinas Entwicklung wichtige Einzelheiten: den (von Beizmenne mitgehörten) Anruf Ludwigs bei Katharina, der ihr Gewissheit über Ludwigs geglückte Flucht und die Bestätigung ihrer gegenseitigen Liebe vermittelt (25), und die Forderung Katharinas an den Staat, ihre **verlorene Ehre** wiederherzustellen (27, S. 54). Damit rückt das Thema des Werkes mit der Titelformulierung in den Blick.

Nach den drei Zehnergruppen in der Kapitelfolge des ersten Teils, die nur durch die Dreiergruppe 21–23 unterbrochen sind, folgen ab Kap. 34 kleinere Gruppen; zunächst noch nähere Angaben zum Freitagabend in Katharinas und Elsas Wohnung (34/35 und 37) sowie Reflexionen über Katharinas Mordentschluss in vier Kapiteln (34–37); es folgen weitere vier Kapitel (38–41) über das Verhalten Blornas und Sträubleders am Samstag, die durch die Kapitel 42/43 mit den Angaben über den Tod der Mutter Katharinas und die Tricks des Reporters Tötges abgelöst werden. Diesen zwei Kapiteln folgen wiederum drei Kapitel (44–46) über Katharinas Besuch ihrer toten Mutter, das Treffen mit den Blornas und Else im Café in Kuir und über den *netten* Samstagabend bei der Woltersheim. Die folgenden zwei Kapitel (47/48) sind als nebeneinander stehende Einzeltexte zu werten, die keinen direkten Bezug zueinander haben: Katharinas Lektüre der Verleumdungen über sie in der SONNTAGSZEITUNG (47) und Beizmennes Rechtfertigung der späten Verhaftung Göttens. Diesen Einzelkapiteln folgt wiederum eine Vierergruppe (49–52), die über das Verhalten der Blornas berichtet: ihren Zorn über die Verleumdungen der ZEITUNG, seinen Besuch beim Pfarrer Katharinas, Blornas Fehler in der Doppelverteidigung und sein wirtschaftlicher und gesellschaftlich-individueller Niedergang. Bis auf das erste dieser vier Kapitel, das wahrscheinlich am Sonntagvormittag spielt (gleichzeitig als Katharina in das Journalistenlokal geht), ist das Datum aller folgenden Kapitel unbestimmt; wahrscheinlich aber nach dem Sonntag anzusetzen, an dem Katharina den Journalisten Tötges erschossen hat.

Vor dem abschließenden 58. Kapitel stehen noch fünf Endkapitel (53–57), in denen jeweils eine andere Person oder ein anderer Aspekt des Folgegeschehens den Mittelpunkt bilden: die mangelnde Reue Katharinas und ihre Arbeit im Gefängnis (53), das Entfallen der Mordanklage gegen Götten (54), die Verbitterung Else Woltersheims über die Verleumdung ihrer Eltern (55), Blornas Auseinandersetzung mit Sträubleder (56) und die Mitteilung über die Herkunft der Mordwaffe (57).

Das letzte (58.) Kapitel bietet wie das einleitende 3. Kapitel einen detaillierten Geschehensbericht, jetzt im Bericht Katharinas gegenüber Blorna über den Hergang der Erschießung Tötges'.

Versuchte man die vorstehende Kapitelgliederung tabellarisch darzustellen und den jeweiligen Funktionen und Tagen zuzuordnen, so ergäbe sich folgendes Schema:

Kapitel	Funktion/Inhalt	Zeit
1–10	Exposition	verschieden
(1–2	Quellen)	
(3	Zusammenfassung)	
(4–10	Verschiedenes)	
11–20	Erste Vernehmung Katharinas	Donnerstag
21–23	Blornas in Urlaub	Donnerstag bis Samstag
	(ZEITUNGs-Reportage u. ihre Wiedergabe)	
24–33	Zweite Vernehmung	Freitag
34–37	Katharina und Else	Freitagabend
38–41	Blorna und Sträubleder	Samstag
42–43	Tötges und der Tod der Mutter	Samstag
44–46	Katharina im Krankenhaus	Samstag
	Treffen mit den anderen	
47	Verleumdungen Katharinas	Sonntag
48	Beizmennes Rechtfertigung	?
49–52	Verhalten der Blornas	verschieden
53	Katharina im Gefängnis	nach Sonntag
54	Keine Mordanklage gegen Götten	nach Sonntag
55	Else Woltersheims Verbitterung	nach Sonntag
56	Blorna gegen Sträubleder	nach Sonntag
57	Herkunft der Mordwaffe	nach Sonntag
58	Schluss: Tathergang	nach Sonntag

Eine andere Strukturierung der Erzählung bietet William S. Sewell[10], der sich kapitelübergreifend nach dem Zeitablauf richtet. Er teilt den Text in sieben Sektionen (sections), nämlich:

1. Sektion (1.–3. Kapitel):
   Einführung m. Quellen, Struktur, Fakten;
2. Sektion (4.–7. Kap.):
1. *Vorblende:* Vorgriff auf Ereignisse nach Tötges' Erschießung mit dem Ziel, Katharina von der Ermordung des ZEITUNGs-Journalisten Schönner auszuschließen.

3. Sektion (8.–23. Kap.):
   Chronolog. Darstellung der Ereignisse von Donnerstag (21. 2.) bis Samstag (23. 2.).
4. Sektion (24.–37. Kap.):
   Rückstau zur Nachholung der Ereignisse vom Freitag (22. 2.).
5. Sektion (38.– 49. Kap.):
   Rückkehr zur orthodoxen chronologischen Ordnung der 3. Sektion mit Einschluss der *technischen Zwischenbemerkung* (41) als Unterbrechung der Erzählung.
6. Sektion (50.–57. Kap.):
   Vorgriff m. Ereignissen nach Tötges' Erschießung: berufl. Schwierigkeiten der Blornas.
7. Sektion (55. Kap.):
   Vorgriff: Schilderung der Folgen der *Gewalt* für Else Woltersheim. Erzähler kann so mit Katharinas Bericht über den Tathergang schließen.

Eine weitere Möglichkeit der Textgliederung ergäbe sich aus der Zuordnung der Kapitel zu bestimmten Themen (z. B. den *Quellen*, der Zeitstruktur) und Figuren. Da jedoch zahlreiche Kapitel hierbei themen- und figurenübergreifend sind, bedingt dies Schwierigkeiten.

BÖLL selbst hat im Gespräch mit M. Durzak[11] die Komposition der *KATHARINA BLUM* mit der musikalischen Struktur einer Sequenz verglichen, was aber bisher niemand bemerkt habe. Wie die aus der kirchlichen Liturgie stammende musikalisch-textliche Form, die schon im Mittelalter in der Form des Leichs auch weltliche Texte aufnahm, in BÖLLS Erzählung strukturbildend gewirkt haben kann, ist ungeklärt.

3 Darstellung und Funktion der Figuren und ihres Verhaltens

Es kam Böll bei seiner Erzählung weder auf eine bloße Kriminalgeschichte anhand von Vernehmungsprotokollen und Zeitungsberichten noch auf eine Art Verbrechensschilderung im Stil der Gerichtsreportage an. Er wollte vielmehr mit der Schilderung der **brutal(en) Tatsachen** (3) die Klärung der Umstände verbinden, **warum eine so kluge und fast kühle Person wie die Blum den Mord nicht nur plante, sondern auch ausführte** (6). Mit der Ermittlung und Darbietung der Fakten sollten also zugleich die Motive für das tatsächliche Handeln Katharinas, die Erschießung des Journalisten Tötges, aufgezeigt werden. Dies musste zu einer erklärenden Darstellungsweise führen, die die bewirkenden Vorgänge und Handlungsweisen in ihrer Auswirkung auf Katharina wie auch auf die übrigen Personen berücksichtigte, um so die Motivierung des jeweiligen Verhaltens zu verdeutlichen.

3.1 Die Darstellung Katharinas

Über Katharina Blum, die Hauptfigur, werden notwendigerweise die meisten Angaben gemacht, die dem Leser ein verhältnismäßig ausführliches Lebens- und Charakterbild dieser jungen Frau vermitteln. Obwohl die dargestellten Vorgänge nur einen Zeitraum von fünf Tagen umfassen, wird uns ein Lebensbild Katharinas von ihrer Kindheit bis zur Zeit ihrer Untersuchungshaft nach der Erschießung des Journalisten geboten. Das ist zum einen durch das bei kriminologischen Verhören übliche Verfahren der Erfassung der Lebensdaten eines Verhafteten bedingt, zum anderen durch das Bestreben des Katharina verhörenden Kriminalbeamten Beizmenne, eine länger bestehende Verbindung zwischen Katharina und Götten nachzuweisen.

Katharina wird von verschiedenen Seiten charakterisiert: aus ihren eigenen Angaben im Verhör und gegenüber Dr. Blorna, aus den Angaben ihrer *Freunde* (Woltersheim, Blorna), aber auch aus den zumeist entstellenden Angaben ihrer *Gegner* Beizmenne sowie Tötges in der ZEITUNG und durch dessen Informanten.

3.1.1 Selbstaussagen und Freundeszeugnisse

Wir erfahren so zunächst aus Katharinas Selbstaussagen im Verhör, dass sie am 2. März 1947 als Kind eines lungenkranken Bergarbeiters und seiner als Putzfrau arbeitenden Frau in Gemmelsbroich, Kreis Kuir, geboren ist, bereits während der Schulzeit zu Hause und bei Nachbarn arbeiten musste, mit sechs Jahren den Vater verlor und nach Abschluss der Schule, die ihr nie Schwierigkeiten machte, eine Stelle als Haus- und Verkaufsgehilfin bei einem Metzger übernahm. Mithilfe der *Tante* Woltersheim besuchte sie drei Jahre mit sehr gutem Erfolg eine Hauswirtschaftsschule in der Kreisstadt und arbeitete danach als Wirtschafterin und Hausgehilfin in einem Kindergarten und bei einem Arzt, dessen Zudringlichkeiten sie jedoch durch ihre Kündigung auswich (15).

Einen Bruch in der Entwicklung des fleißigen und strebsamen Dorfmädchens scheint die Heirat der Einundzwanzigjährigen mit dem Textilarbeiter Wilhelm Brettloh zu bilden, den sie nach einem halben Jahr Ehe wegen **unüberwindlicher Abneigung** (15, S. 23) verlässt um in die Stadt zu gehen. Katharina wird wegen böswilligen Verlassens des Ehemanns schuldig geschieden. Später (18, S. 30) erläutert sie, dass ihr Mann zu ihr nie **zärtlich**, sondern stets **zudringlich** war (ähnlich wie der Arzt Dr. Klüten, bei dem sie vorher gearbeitet hatte).

Nach der Trennung und Scheidung von Brettloh hat Katharina den Weg der selbstständigen Weiterbildung und Arbeit fortgesetzt, zunächst als Wirtschafterin und Hausgehilfin bei Dr. Fehnern mit gleichzeitiger Fortbildung und Fachprüfung als staatlich geprüfte Wirtschafterin, dann, nach Fehnerus Verhaftung wegen Steuerbetrugs, bei dem Wirtschaftsanwalt Dr. Hubert Blorna und der Architektin Dr. Trude Blorna, wo Katharina selbstständig die gesamte Haushaltsführung übernahm, bei Einladungen und Empfängen sich auch um Gäste sorgte, gelegentlich auch mittanzte und sich von den Herren nach Hause fahren ließ, sich im Übrigen aber sehr zurückhaltend, ja abweisend gegenüber Zudringlichkeiten der Gäste verhielt, weshalb sie auch als *Nonne* bezeichnet wurde. Da sie neben ihrer Hauptarbeit bei den Blornas stundenweise bei den Eheleuten Dr. Hiepertz arbeitete und gelegentlich in der Firma Kloth bei Empfängen u. Ä. aushalf, im Übrigen recht sparsam lebte, war es ihr möglich, eine von den Blornas vermittelte Eigentumswohnung zu erwerben und stets fristgemäß abzuzahlen. Über alle ihre Einnahmen und Ausgaben führte sie sorgfältig Buch, was später sogar die Achtung eines von der Staatsanwaltschaft zur Kontrolle eingesetzten Bilanzprüfers erweckte. Katharinas Fleiß, der ihr beträchtliche Nebeneinkünfte sicherte, erwuchs – soweit dies deutlich wird – keineswegs einer Besitzgier, diente vielmehr – wie der Erwerb der Eigentumswohnung und des Volkswagens – der Sicherung der erstrebten Freiheit und Unabhängigkeit und wohl auch dem Erwerb von Statussymbolen in einer darauf bedachten Umwelt. Über ihre Arbeit, mit der die Blornas wie die Hiepertz' stets sehr zufrieden waren, heißt es, dass sie **ruhig und**

freundlich, auch planvoll den Haushalt leitete (22, S. 38). Und ihre *Tante* Woltersheim, Mitglied des Prüfungsausschusses der Handwerkskammer, betonte (28, S. 63 f.), Katharina sei **immer ein fleißiges, ordentliches, ein bisschen schüchternes, oder besser gesagt, eingeschüchtertes Mädchen gewesen, als Kind sogar fromm und kirchentreu,** auch dass sie **organisatorisch, kalkulatorisch und auch, was die ästethische Seite betreffe, aufs beste gebildet und ausgebildet sei** (28, S. 65). Nach einer Charakterisierung Katharinas gefragt, hatte Dr. Blorna sie spontan als **eine sehr kluge und kühle Person** bezeichnet, Dr. Hiepertz nannte sie **radikal hilfsbereit, planvoll und intelligent** (23, S. 42) und fügte so der möglichen Auslegung der Intelligenz Katharinas als einer egoistisch bestimmten die Betonung ihres Altruismus hinzu.

Ein solcher Altruismus zeigt sich in der Erzählung allerdings – sieht man von den Überweisungen an ihre Mutter und an ihren inhaftierten Bruder ab – nur in ihrer plötzlich erwachten Liebe zu Ludwig Götten, der ihre bisherige Kontaktscheu Männern gegenüber löste, sodass sie mit ihm sogleich nach der ersten Begegnung eine Liebesnacht verbrachte. Ihn charakterisiert sie später mit dem biblischen Eingang: [...] **er war es eben der da kommen soll, und ich hätte Kinder mit ihm gehabt – und wenn ich hätte warten müssen, jahrelang, bis er aus dem Kittchen wieder raus war** (26, S. 59). Diese plötzliche unbedingte Liebe zu Götten wird von ihr auch im dritten Verhör betont, als man ihr die kurze Bekanntschaft mit ihm aufgrund ihrer bisherigen Zurückhaltung (**zimperlich, fast prüde,** S. 53) nicht glauben will: **Es trifft zu, daß ich [...] ausschließlich und innig mit Ludwig Götten getanzt habe, den ich zum erstenmal in meinem Leben sah [...] Ich empfand große Zärtlichkeit für ihn und er für mich** (24, S. 54).

Neben den bisher deutlich gewordenen Charaktereigenschaften Katharinas – Fleiß, Strebsamkeit, Ordnungssinn, Organisationstalent, Klugheit, Freundlichkeit, Anpassung, Hilfsbereitschaft, aber auch Zurückhaltung gegenüber Männern, Askese gegenüber Belustigungen u. Ä. – sind noch zwei Eigenschaften zu nennen, die Frau Blorna ihr zuspricht und als **lebensgefährlich** bezeichnet: **Treue und Stolz** (38, S. 85). Treue im Sinne der Erfüllung eingegangener Verpflichtungen hat Katharina bisher schon in ihren Arbeitsverhältnissen bewiesen; Frau Blorna sieht sie allerdings in der Bindung Katharinas an Ludwig Götten; Stolz, den sie bereits bei der Zurückweisung von Zahlungserleichterungen sah (22, S. 38), spricht sie ihr dagegen im Verschweigen von Geheimnissen zu.

3.1.2 Darstellung durch ihre ›Gegner‹

Die Charakterisierung Katharinas bliebe im Hinblick auf den Gesamttext unvollständig, wenn sie sich nur auf die überaus positive Zeichnung Katharinas in ihren Selbstaussagen und in den Aussagen der Blornas, der Hiepertz' und der Woltersheim beschränkte. Auch wenn das Gegenbild, das Beizmenne und Tötges und durch ihn die ZEITUNG von Katharina entwerfen, durch vom Erzähler vermittelte Angaben wiederholt als unzutreffend und sogar erlogen entlarvt wird, sollte man es hier zur Kenntnis nehmen.

Der Kriminalhauptkommissar Beizmenne, der den Bundeswehrdeserteur Ludwig Götten bereits seit Tagen beobachten lässt, zuletzt durch den als Scheich verkleideten Karl und nach Göttens Wegfahrt mit Katharina durch Umstellen des Hauses, sieht in Katharina eine Komplizin Göttens, besonders nachdem dieser aus ihrer Wohnung spurlos verschwinden konnte. Eine solche Einschätzung mag auch in der **Presseverlautbarung** (27, S. 60) gestanden haben, die Tötges erhielt und durch weitere von ihm recherchierte Informationen bereicherte.

Beizmenne scheint jedoch seine Einschätzung Katharinas im Laufe des Verhörs etwas geändert zu haben, sofern seine Äußerung ihr gegenüber ernst gemeint und nicht bloße Taktik ist (24, S. 52 f.). **Ich halte Sie nämlich nicht für unmittelbar kriminell, sondern für naiv und ein bißchen zu romantisch.** Zu dieser Einschränkung, die noch keine Zurücknahme seines Verdachts einer Zusammenarbeit mit Götten ist, mögen ihn Katharinas Haltung, aber auch die abgehörten Telefonate für Katharina, besonders das Gespräch zwischen Ludwig Götten und Katharina, bewogen haben. Während Beizmenne sich ein Bild von Katharina macht, das auf seinen kriminologischen Mutmaßungen beruht und von ihm selbst korrigiert werden kann, entwirft Tötges in der ZEITUNG und in der SONNTAGSZEITUNG ein Zerrbild, das als Tatsachenbehauptung ausgegeben oder in mutmaßenden Fragen als Tatsache suggeriert wird und durch vermeintliche Zeugenaussagen als zutreffend bestätigt werden soll. Dabei werden vier negative Aspekte im Hinblick auf Katharina hervorgehoben und in der der ZEITUNG eigenen Vereinfachung formuliert:

1. Katharina ist Mitglied einer kriminellen Bande (vgl. **Räuberliebchen, Mörderbraut**), sie verwischte Spuren des **Banditen und Mörders** Götten, deckte seine Flucht, ist in die Verschwörung verwickelt, ihre Wohnung war ein **Konspirationszentrum**, ein **Bandentreff**, ein **Waffenumschlagplatz;** die Eigentumswohnung wurde möglicherweise aus der Beute von Banküberfällen bezahlt (22, S. 37);

2. Katharina ist eine Prostituierte (empfing **Herrenbesuche** (22)), **Zärtlichkeiten eines Räubers und Mörders waren ihr lieber als Brettlohs unkomplizierte Zuneigung** (23, S. 41), **hatte eine richtig nuttige Art** (47, S. 113), bot sich **angesehenen Wissenschaftlern und Industriellen** an (47, S. 114);
3. Katharina ist eine Kommunistin oder Linksradikale (Einfluss eines kommunistischen Vaters (22, S. 36)), hatte **falsche Vorstellungen vom Sozialismus** (S. 41), **radikale Person** (23, S. 41). Katharina sollte **im Auftrage einer Linksgruppe die Karriere von S. zerstören** (47, S. 113);
4. Katharina ist berechnend, gefühlskalt, bindungslos (**eiskalt und berechnend, eines Verbrechens fähig** (22, S. 36), besucht ihre Mutter nicht mehr (23, S. 41), weint nicht beim Tod der Mutter (47, S. 113), **bescheidenes Glück genügte ihr nicht, sie wollte hoch hinaus** (23, S. 41), böswilliges Verlassen des Ehemanns (ebd.), **geschickt getäuscht** (23, S. 42)).

Tötges geht also in seiner Charakterisierung Katharinas weit über die Vermutungen Beizmennes hinaus. Er wählt dabei Unterstellungen, die bei den wenig reflektierenden Lesern der ZEITUNG in jedem Fall negative Emotionen und Ablehnung auslösen müssen: den Bereich des Verbrecherischen (Bandenzugehörigkeit assoziierte 1974 Verbindung mit der RAF-*Bande*), das Amoralische der Prostituierten (auch wenn der Aspekt hier nur anklingt), den Kommunismus (der in der Zeit des Kalten Krieges als Gefahr der Wohlstands- und Ordnungszerstörung angesehen wurde), das Eiskalt-Berechnende (das nur seinen Vorteil sieht, Gefühllosigkeit gegenüber der Mutter bedingt, so als unnatürlich empfunden wird). Es ist verständlich, dass sich Katharina dadurch um ihre Ehre, um ihre menschliche Würde, beraubt sieht.

3.1.3 Katharinas Sprachsensibilität

Zu den Besonderheiten im Wesen Katharinas, durch die sie sich von anderen ähnlich gearteten Frauen unterscheidet, gehört ihre Sensibilität für sprachliche Benennungen, besonders aus dem menschlichen Verhaltens- und Intimbereich.

Bereits in der ersten Begegnung Katharinas mit Beizmenne, dem zynischen Vertreter der staatlichen Gewalt, entgegnet sie auf dessen (tatsächliche oder ihm zugeschriebene) Frage: **Hat er dich denn gefickt? sowohl rot geworden wie in stolzem Triumph: Nein, ich würde es nicht so nennen!** (12, S. 19). Diese Szene wie die Angaben darüber sind bereits symptomatisch für die gemeinte Sensibilität. Angesichts der *unverschämten,* taktlosen und sprachlich primitiven Fragen eines Kriminalbeamten reagiert Katharina mit dem psychosomatischen Protestsignal der Schamröte, dann jedoch mit dem stolzen Gefühl der Erhabenheit über derartige Primitivität und korrigiert den dreisten Fragesteller wegen seiner unpassenden Formulierung. Katharina verneint so die Ausdrucksweise Beizmennes, nicht das erfragte Geschehen.

Dass die zugrunde liegende Liebesbegegnung mit Ludwig Götten von ihr auch sprachlich mit dem Gefühl der Ehrfurcht und Echtheit verbunden wird, zeigt sich an Katharinas weiteren Kennzeichnungen dieser Beziehung. Sie betont nach dem Mordgeständnis, dass sie dort sein wolle, wo auch ihr **lieber Ludwig** sei (3, S. 9). Sie sagt beim ersten Verhör aus, dass sie **ausschließlich und innig** mit Götten getanzt habe (9, S. 17). Die gleiche Formulierung wiederholt sie später (24, S. 54) und ergänzt sie durch den Satz: **Ich empfand große Zärtlichkeit für ihn und er für mich.** Und gegenüber ihrer Tante gebraucht sie jenes bereits zitierte biblische Wort für Götten: **Mein Gott, er war es eben, der da kommen soll** [...] (26, S. 59). Diese behutsamen, liebevollen, fast altertümlich anmutenden Aussagen über ihre Beziehung zu Götten sind insofern besonders wichtig, als sie in völligem Kontrast zur Umschreibung dieses Verhältnisses in der ZEITUNG stehen.

Auch während des Verhörs achtet Katharina mit großer Sorgfalt und Genauigkeit auf ihre Formulierungen. Wiederholt korrigiert sie sich selbst (24, S. 49; S. 54). Besonders bemerkenswert sind die **Definitionskontroversen zwischen ihr und den Staatsanwälten** sowie zwischen ihr und Beizmenne (18, S. 29). Es heißt hierzu im Text:

> **Die Dauer der Vernehmungen ließ sich daraus erklären, daß Katharina Blum mit erstaunlicher Pedanterie jede einzelne Formulierung kontrollierte, sich jeden Satz, so wie er ins Protokoll aufgenommen wurde, vorlesen ließ. (18, S. 29)**

Solche *Definitionskontroversen* ergeben sich, als Katharinas Kennzeichnung der **Zudringlichkeiten** der Partygäste bei Blornas im Protokoll als **Zärtlichkeit** bzw. erst als **daß die Herren zärtlich wurden** (S. 29) erscheint. Dabei entwickelt Katharina nach Angaben des Erzählers eine erstaunlich subtile semantische Auslegungsfähigkeit, wenn sie erklärt, dass **Zärtlichkeit** [...] **eben eine beiderseitige und Zudringlichkeit eine einseitige Handlung** (ebd.,) sei und fortfährt:

> **Der Unterschied sei für sie von entscheidender Bedeutung, und einer der Gründe, warum sie sich von ihrem Mann getrennt habe, hänge damit zusammen; der sei eben nie zärtlich, sondern immer zudringlich gewesen (S. 30).**

In gleicher Weise lehnt Katharina die Protokollformulierung **nett zu mir** im Hinblick auf die Blornas ab (ebenso wie die vorgeschlagene unpassende Ersatzformulierung **gutmütig**) und besteht auf ihrem Ausdruck **gütig** (ebd.). Angesichts dieser Sprachsensibilität Katharinas und ihrer idealisierenden Kennzeichnung ihrer Liebe zu Götten erscheint es besonders verständlich, dass ihre pejorativen Charakterisierungen als **Räuberliebchen** und **Mörderbraut** und die Verleumdungen in der ZEITUNG sie äußerst hart treffen mussten.

In ihrer Beschwerde über diese rüden Verunglimpfungen gegenüber den Staatsanwälten und Vernehmungsbeamten (27, S. 60) kann sie diese Art der Presseinformationen nur als **Schmutz** bezeichnen (ähnlich wie Blorna (38, S. 84) von **Dreck** spricht) und fragen, **ob der Staat [...] nichts tun könne, um sie gegen diesen Schmutz zu schützen und ihre verlorene Ehre wiederherzustellen.** Auf weitere Belege für Katharinas sprachliche Empfindlichkeit sei noch hingewiesen. Sie zeigt sich auch im Gespräch am Samstagmittag im Café Kloog (44, S. 105 ff.), als Katharina begründet, warum sie Sträubleders **Herrenbesuche** in der Vernehmung verschwiegen habe, und erwähnt, dass sie dessen Aufdringlichkeiten nicht als **Eindringen in die Intimsphäre** bezeichnen möchte, **weil das mißverständlich sei, denn sie sei ja nicht andeutungsweise intim mit Sträubleder geworden** (S. 108 f.), was Beizmenne ihr wahrscheinlich nicht glauben werde.

Weiter sei ihr gedankliches Spiel mit dem Homonym **bumsen** in der Erschießungsszene angeführt, wo sie Tötges' frech-lüsternes Ansinnen zu **bumsen** mit dem tödlichen Knalleffekt (bumsen=schießen) erwidert.

Schließlich ist auch die Tatsache, dass sie selbst von ihrer **verlorenen Ehre** spricht (was Böll im Titel des Buches aufgreift), als Zeugnis einer ungewöhnlichen sprachlichen wie psychologischen Empfindsamkeit einer Hausgehilfin anzuführen[12]. Hier wie schon bei den übrigen Zeugnissen der Sprachsensibilität Katharinas kommt natürlich Bölls eigene Auffassung von der gesellschaftliche Probleme aufdeckenden und wertenden Eigenheit und Moral der Sprache zur Auswirkung, wie er sie etwa im Interview **Eine deutsche Erinnerung** gegenüber dem französischen Kulturkritiker René Wintzen im Oktober 1976 (Interv. I, S. 521 ff.) geäußert hat. Wenn sich Böll hierbei auch vor allem auf die politische Semantik der Sprache bezieht, so umgreift er zugleich ihre gesellschaftlich-moralische Dimension.

Und wenn er so in *Katharina Blum* sprachlich zwei völlig verschiedene Charakterisierungen der Liebe zwischen Katharina und Götten konfrontiert, so ist dies nicht nur eine Kennzeichnung verschiedener Perspektiven, sondern zugleich eine Aufdeckung von Wertverlusten in Form von sprachlichen Defiziten in der öffentlichen Sprache und bei ihren Benutzern. So kann Dorothee Sölle zu Recht konstatieren[13]:

> **Der Widerstand der Katharina Blum gegen ihre Umgebung ist immer auch ein sprachlicher Widerstand; die verlorene Ehre ist zugleich auch die verlorene Sprache, in der man es nur ficken nennen kann, in der ein Wort wie *gütig* nicht**

vorkommen darf, sondern behördlicherseits durch *sehr nett* oder *gutmütig* ersetzt werden soll. Dem Verlust an Ehre für das Individuum entspricht der Verlust der Sprache für die Gesellschaft.

Es ist in der BÖLL-Forschung wiederholt darauf hingewiesen worden[14], dass BÖLL mit dieser sprachlichen Sensibilität Katharinas zugleich seine Ansicht von der **plebejischen Sensibilität** des einfachen Volkes belegt habe, die er 1972 in seinem Aufsatz über Willy Brandt[15] vertrat, wo er sich gegen eine linksintellektuelle **Reservierung der Sensibilität für die oberen Klassen** wandte.

3.1.4 Psychogramm einer ›Mörderin‹ – ein Versuch

Der Grund für die Erzählung der Ereignisse von Katharinas Tanzabend mit Ludwig Götten bis zur Erschießung des Journalisten Tötges und ihrer Selbstanzeige kann darin gesehen werden, zu verdeutlichen, wie eine junge, unbescholtene Frau zur Mörderin werden konnte. Die vorgebliche Motivsuche für diesen **Mord** ist es, die den Erzähler zum Schreiben bewegt, wie die Reflexionen des Erzählers wiederholt bestätigen, (vgl. z. B. **es wird ja noch geklärt werden, warum eine so kluge und fast kühle Person wie die Blum den Mord nicht nur plante, sondern auch ausführte.** (6, S. 13)). Erzählplanung und Erzählfrage des Textes suggerieren dann eine kurzzeitliche psychologische Entwicklung Katharinas, an deren Ende die genannte Bluttat steht.

Es soll im Folgenden versucht werden, die diesen Akt bestimmenden und auslösenden Ereignisse und Stationen zu erfassen und psychologisch zu deuten[16]. Dabei ist zu beachten, dass wir es hier nicht mit einer wirklichen, vielmehr mit einer fiktiven Person zu tun haben, bei der keine weiteren Nachforschungen, Interviews, Tests etc. vorgenommen werden können. Psychologische Deutungen sind also nur insoweit möglich, als dies die Fakten erlauben, die der Autor durch den Erzähler mitteilt. Die Psychologie seiner Figur ist nur die psychologisch anmutende Konstruktion des Autors. Dementsprechend kann auch keines der in der Psychologie konkurrierenden Analysemodelle als für eine Figurenanalyse relevant herangezogen werden; die Deutung wird vielmehr mithilfe allgemein verständlicher Begriffe wie Identität und Aggression versucht.

Der Erzähler bietet für eine derartige Deutung selbst gewisse Hinweise. So rätselt er zwischendurch (36, S. 79) über den Zeitpunkt der Entstehung des Mordplanes und damit der Mordmotivation und zählt mögliche Anlässe dazu auf:

Es hat natürlich ziemlich viel Theorien gegeben, die den Zeitpunkt herauszuanalysieren versuchten, an dem Katharina die ersten Mordabsichten faßte oder den Mordplan ausdachte und sich dazu entschloß, ihn auszuführen.

Manche denken, daß schon der erste Artikel am Donnerstag in der ZEITUNG genügt habe, wieder andere halten den Freitag für den entscheidenden Tag, weil an diesem Tag die ZEITUNG immer noch keinen Frieden gab und Katharinas Nachbarschaft und Wohnung, an der sie so hing, sich als (subjektiv jedenfalls) zerstört erwies; der anonyme Anrufer, die anonyme Post – und dann noch die ZEITUNG vom Samstag und [...] die SONNTAGSZEITUNG [...]. Gewiß ist, daß sich in ihr etwas *gesteigert hat* – daß die Äußerungen ihres ehemaligen Ehemannes sie besonders aufgebracht haben, und ganz gewiß ist, daß alles, was dann in der SONNTAGSZEITUNG stand, wenn nicht auslösend, so doch keineswegs beruhigend gewirkt haben kann.

Zutreffender wird Katharinas psychische Verfassung durch Frau Woltersheim während ihrer Vernehmung durch Beizmenne und die Staatsanwälte gekennzeichnet (28, S. 62):

Sie kenne Katharina vom Tag ihrer Geburt an und beobachte schon jetzt die Zerstörung und auch die Verstörtheit, die an ihr seit gestern bemerkbar sei. Sie sei keine Psychologin, aber die Tatsache, daß Katharina offenbar nicht mehr an ihrer Wohnung, an der sie so gehangen und für die sie so lange gearbeitet habe, interessiert sei, halte sie für alarmierend.

Die psychische Situation Katharinas, die schließlich in der Erschießung des Journalisten kulminiert, wird wahrscheinlich eher verständlich, wenn man ihre Entwicklung vor der Begegnung mit Götten mit einbezieht. Katharina hatte nach ihrer gescheiterten Ehe durch Fleiß und Beharrlichkeit in ihrer Arbeit und Weiterbildung eine neue Daseinsform erreicht, in der sie mit sich selbst zufrieden war; sie hatte so eine neue Übereinstimmung ihres Wesens, eine neue Identität gefunden. Möglich erschien dies nur dadurch, dass sie auch in ihrem Gefühls- und Sexualleben enthaltsam blieb, was ihr bekanntlich den Spitznamen **die Nonne** einbrachte (24, S. 53), obwohl sie gelegentlich auch mit Gästen der Blornas tanzte und sich nach Hause bringen ließ. Als sie nun Ludwig Götten kennen lernte und sich sogleich in ihn verliebte und das als beglückendes Erlebnis erfuhr, das sie so nicht kannte, erschloss sich ihr eine neue Dimension, erreichte sie eine höhere Stufe ihrer Identität. Diese Harmonie zwischen ihrem Außen und Innen wurde jedoch empfindlich gestört und schließlich zerstört, als sie festgenommen, gleichsam öffentlich abgeführt und über das (von ihr als beglückend empfundene) Verhältnis zu Götten verhört wurde. Sollte Beizmenne bei seinem gewaltsamen Eindringen in ihren Privatbereich und ihrer Festnahme tatsächlich gefragt haben: **Hat er dich denn gefickt?** (12, S. 19), wie Hach später behauptete, so dürfte hier – wie der Erzähler vermutet – bereits Katharinas erste psychische Gegenreaktion in Form von Aggression und Misstrauen ausgelöst worden sein. Diese und alle folgenden negativen Behauptungen über Götten, die gewollt oder ungewollt darauf abzielten, Katharinas Idealbild von ihm und ihr eigenes Selbstwertgefühl anzugreifen, mussten weitere Abwehrreaktionen, Aggressionen auslösen, die nicht weiter abgeleitet oder kompensiert werden konnten. Insbesondere Beizmennes Taktlosigkeiten bei der Frage nach den *Herrenbesuchen*, bei der er ihr sexuelle Intimitäten und Prostitution unterstellte (19, S. 32), was der Erzähler selbst als **entscheidenden psychologischen Fehler** rügt, lösten offensichtlich solche Gegenreaktionen aus. Dass dann die Gefahr bestand, dass sich Katharinas Aggressionen in Form eines Selbstmordes gegen sie selbst richten konnten (wovon sie wahrscheinlich ihre Liebe zu Götten abhielt), wird von dem Beamten Moeding bemerkt (20, S. 33), der Beizmenne Maßnahmen zu Katharinas Schutz nahe zu legen versucht. Auch Frau Woltersheim erkennt – wie bereits bemerkt – Katharinas **Zerstörung** und **Verstörtheit** (28, S. 62).

Dieser Zustand erfuhr notwendigerweise eine Steigerung, als Katharina die üblen Verunglimpfungen über sie in der ZEITUNG entdeckte, zunächst am Freitagmorgen (wo jedoch der Anruf Göttens sie zuvor etwas getröstet hatte [25, S. 57]), wie auch am Samstag- und Sonntagmorgen. Eine erste Aggressionsentladung, hervorgerufen durch die Hetzkampagne der ZEITUNG, in Verbindung mit Katharinas vergeblicher Beschwerde dagegen bei den Staatsanwälten (27, S. 60) einerseits und den lüstern-gemeinen Anrufen und Beschimpfungen in ihrer Post wie auch mit der aufkommenden **Angst** (34, S. 75) andererseits, vollzog sich bereits am Freitagabend, als Katharina **die makellosen Wände** (35, S. 78) ihrer Wohnung mit den verschiedensten Getränken, Säften und anderen Flüssigkeiten, Saucen und Pflegemitteln bewarf und beschmutzte. Man kann diesen Akt von Vandalismus als eine Aggression gegen ihre Umwelt und als symbolische Vorwegnahme ihrer Aggression gegen Tötges deuten, der ihre Ehre und Identität in den Schmutz zog. Angewidert von den Gemeinheiten ihrer Bedränger dissoziiert sie sich so von dem, was ihr bisher Vertrautheit und Geborgenheit verlieh, einen Teil ihrer Identität ausmachte (auch Hubert Blorna erlebt [40, S. 89 f.] eine ähnliche, wenn auch weniger explosive *Raumverfremdung*).

Dass Katharina dabei **planvoll, keineswegs erregt** wirkte (S. 79), wie auch danach am Samstagnachmittag **ihr Verhältnis zur ZEITUNG [...] weniger emotional, mehr analytisch** erscheint (44, S. 107), lässt auf eine Sammlung dieser Aggressionen im Tiefenbereich ihrer Seele schließen und auch die spätere Erschießung des Journalisten aus einem solchen Aggressionsstau im Zusammenhang mit der erfolgten Zerstörung ihrer Ehre, ihrer Menschenwürde und ihrem sozialen Wert- und Achtungsanspruch, ihrer Identität mit sich und vor anderen, verständlich erscheinen. Die Ansammlung und Verfestigung der Aggressionen wird dadurch begünstigt, dass sie kaum mit jemandem darüber spricht. Die im Text mitgeteilten Gespräche mit ihrer *Tante* Woltersheim und mit den Blornas am Samstagnachmittag und -abend bleiben vordergründig (Böll wählt dafür hier wie auch sonst oft das bei ihm ambivalente Wort **nett**) und bringen ihr keine seelische Entlastung. Ein helfendes Gespräch mit Götten, den sie damit nicht belasten will (25, S. 57) und später auch nicht mehr belasten kann, ist nicht möglich, sodass sie innerlich immer mehr vereinsamt und sich verhärtet.

Es dürfte selbst einem psychologischen Gutachter, der über die volle oder verminderte Schuldfähigkeit Katharinas zu urteilen hätte, schwer fallen, den Zeitpunkt der Konkretisierung der Tötungsabsicht (um den der Erzähler wie Dr. Blorna ebenfalls rätseln) zu ermitteln. Nach Sträubleders Angabe (40, S. 91) vereinbarte Katharina das Treffen mit dem Journalisten eine Stunde vor der Ankunft des Unternehmers bei den Blornas, vermutlich sogleich nach dem Besuch bei ihrer toten Mutter im Krankenhaus, wo sie zunächst recht kühl verharrte, dann aber **hemmungslos** zu weinen begann (44, S. 107). Tötges' raffiniert erschlichenes und dann manipuliertes Interview, das letztlich den Tod der Mutter herbeiführte oder beschleunigte (den Tötges in der SONNTAGSZEITUNG sogar noch Katharina anzulasten suchte), könnte der Anlass für die Vereinbarung des Treffens gewesen sein. Katharina könnte den von Tötges verursachten Tod der Mutter auch als Bedrohung ihrer selbst empfunden und nach einer Abwehr gesucht haben. Ob dabei schon die Mordabsicht bestand, trotz Katharinas Gerede von **Mordgedanken** schon am Donnerstagabend (?) (53, S. 126) (als noch keine ZEITUNG vorlag und Tötges dementsprechend unbekannt war, also wahrscheinlich am Freitagabend), könnte allenfalls ein Tiefeninterview mit ihr klären; das gilt ebenso für die Beschaffung der Pistole am Sonntagmorgen nach der Lektüre der SONNTAGSZEITUNG mit ihren neuerlichen infamen Verleumdungen Katharinas (57, S. 133). Aus ihrem schriftlichen Geständnis gegenüber Blorna (58, S. 134) ergibt sich nur, dass sie neugierig war und vergeblich versucht hatte den Menschen, der ihr **Leben zerstört hat** (ebd.), kennen zu lernen um ihn dann eventuell doch nicht zu treffen, falls er ihr **zuwider** sei. Sie war demnach immer noch nicht fest entschlossen, ihn auf jeden Fall zu töten.

Tötges' Anonymität hat somit seinen Tod begünstigt, ebenso wie dann seine **hübsche** Erscheinung, die es ihr noch schwerer machte, gelassen zu bleiben.

Der letzte Anlass den Journalisten zu erschießen ergab sich aber aus dessen frech-lüsterner Aufforderung an Katharina erst einmal zu **bumsen,** wobei er sie wie eine Hure behandelte, sie duzte und als **Blümelein** ansprach (und auch darin ihre Menschenwürde verletzte) und anfasste. Diese letzte Erniedrigung und Entehrung war wahrscheinlich ausschlaggebend für die Erschießung des Journalisten, die so als ein Akt psychisch-körperlicher Notwehr angesehen werden könnte, der jedoch zugleich durch eine fortwährende Steigerung der Aggressionen ausgelöst wurde.

Katharinas Bewusstsein hier berechtigterweise gehandelt zu haben verhindert dann vorerst das Aufkommen von Reuegefühlen, nach denen Blorna vergeblich sucht (53, S. 126). Dass es sich hierbei um eine Entladung von Aggressionen gehandelt hat, bestätigt auch Katharinas Rückblick nach dem Ereignis in der Kirche (58, S. 136), wo sie mit Groll ihrer Verwandten und Bekannten aus dem Heimatdorf gedenkt.

Aus all dem ergibt sich, dass Katharina nicht unbedingt als Mörderin im Sinne des § 211 StGB angesehen werden kann, da hier zwar eine geplante oder zumindest einkalkulierte Tötung vorliegt (auch evtl. von einer *heimtückischen Tat* gesprochen werden kann), aber die im Gesetz vorgesehenen **niedrigen Beweggründe** fehlen[17]. Da hier sogar eine **schwere Beleidigung** (§ 213 StG) gegenüber Katharina vorausging, könnte unter Umständen von einer strafmildernden Form des *Totschlags* ausgegangen werden.

3.2 Die Blornas

Das Ehepaar Dr. Hubert Blorna und Dr. Trude Blorna ist Katharina Blum nicht nur wegen des gemeinsamen Anlauts im Namen zugeordnet; sie sind es auch, die sich als ihre Arbeitgeber am meisten um ihr Schicksal sorgen, nicht ganz selbstlos, wie sich zeigen lässt. Katharina ist als Wirtschafterin und Hausgehilfin seit fünf Jahren (1969) bei den Blornas tätig und sie sind ihr **zu Dank verpflichtet** (22, S. 38). Es besteht zwischen ihnen und ihr, die Katharina als zu ihr **gütig** bezeichnet (15, S. 24), ein gutes, vertrauensvolles Verhältnis, das sich u. a. darin spiegelt, dass die Blornas ihr beim Kauf einer Eigentumswohnung in einer Satellitenstadt (**Elegant am Strom wohnen**) durch Finanzberatung und eine Kreditbürgschaft geholfen haben, Frau Blorna ihr auch die von ihrer Firma stammenden Baupläne gezeigt und im Einzelnen erläutert hat (was Katharina ausnutzen konnte um Ludwig Götten von der Polizei unbemerkt entkommen zu lassen), Katharina unentgeltlich dort essen und oft auch Lebensmittel mitnehmen konnte. Dieses enge Verhältnis zeigt sich auch darin, dass sich beide, Schlimmes ahnend, um Katharina Sorgen machen, als sie von ihrem Geschick in der Zeitung erfahren (23, S. 40: **Sie machen das Mädchen fertig. Wenn nicht die Polizei, dann die ZEITUNG, und wenn die ZEITUNG die Lust an ihr verliert, machen's**

die Leute.), und sich bemühen sofort Kontakt zu ihr aufzunehmen und auch weiterhin zu halten.

Im Einzelnen sucht BÖLL Hubert und Trude Blorna durch den Erzähler unterschiedlich zu charakterisieren. Dr. Hubert Blorna ist als Industrieanwalt für die Investmentfirma Lüstra und die Bau- und Immobilienfirma Haftex, die den Industriellen Lüding und Sträubleder gehören, weltweit juristisch tätig. Dementsprechend verfügt er über ein gehobenes Einkommen, das durch die Arbeit seiner Frau noch vergrößert wird. Sie können sich so eine eigene Villa mit Swimmingpool in einem Prominentenviertel leisten, häufig Partys geben und Gäste empfangen, wobei Sträubleder, der Katharina nachstellte, ein häufiger Gast zu sein schien. Hubert Blorna, der später rückblickend (52, S. 124) als **Liberaler mit Bonvivant-Zügen, als beliebter, lebenslustiger Kollege, dessen Parties beliebt waren,** charakterisiert wird, war trotz seiner fachlichen Qualifikationen offenbar auch stark emotional geprägt. Seiner Frau gesteht er (38, S. 87 f.), dass auch er Katharina mehr als gern gehabt hat, dass ihn aber eine **Ehrfurcht** vor ihrer **Unschuld,** ihrer **herzlichen Kühle,** zurückgehalten habe sich für sie zum **Herrenbesuch** zu machen. Emotional bestimmt sind auch seine Reaktionen auf die entstellenden Darstellungen der ZEITUNG wie der SONNTAGSZEITUNG über ihn und seine Frau sowie über Katharina. Zwar werden zu den ersten Zeitungsberichten am Freitag und am Samstag keine Reaktionen Blornas vom Erzähler angegeben, doch sprechen die Reaktionen auf den Journalisten (21, S. 35 **wütend und sehr gereizt**), der plötzliche Urlaubsabbruch (nicht nur auf Sträubleders Drängen, 22, S. 38), seine Verärgerung über die Entstellungen, die besonderen Fragen an seine Frau um die Zusammenhänge mit Lüding und Sträubleder und seine Wut über Letzteren, den er sogar ohrfeigen will, schon eine deutliche Sprache, bevor der **Herrenbesuch,** Sträubleder, selbst am Samstagmorgen auftaucht und es zu einer Auseinandersetzung in gespannter Atmosphäre kommt. Dabei zeigt sich, dass Blorna trotz seiner Fachkenntnisse den Zusammenhang zwischen Lüding und der ZEITUNG (40, S. 90 **Das hat Lüding in der Hand**) nicht kennt. Vergebens bittet er Sträubleder, der nur auf seinen guten Ruf bedacht ist, darum, Katharina gegenüber der ZEITUNG (**diese Schweine** 40, S. 92) zu helfen. Sträubleders Bitte hingegen sich um sein Landhaus zu kümmern, in dem vermutlich Götten weile, lehnt Blorna voller Ironie ab, wenn auch mit logischen Argumenten. Einen Höhepunkt unbedachten und emotionalen Verhaltens, das Trude Blorna als **spontan-kleinbürgerlich-romantischen Anarchismus** charakterisiert (49, S. 118), findet man in Blornas vergeblichem Versuch auf die Angaben der SONNTAGSZEITUNG hin, von denen er erst durch Frau Woltersheim erfährt, einen Molotow-Cocktail zu basteln um ihn in die Redaktion der ZEITUNG und in Sträubleders *Erstvilla* zu werfen. Der Kommentar des Erzählers dazu lautet (49, S. 118):

> **Man muß sich das vor Augen führen: ein akademisch gebildeter Mensch von zweiundvierzig Jahren, der seit sieben Jahren Lüdings Achtung, Sträubleders Respekt wegen seiner nüchternen und klaren Verhandlungsführung hatte – und das international sowohl in Brasilien wie in Saudi-Arabien wie in Nordirland –, also es handelte sich keineswegs um einen provinziellen, sondern um einen durch und durch weltläufigen Menschen; *der* wollte Molotow-Cocktails basteln!**

Wenn Blorna sich so an Sträubleder rächen will, dann nicht nur aus Empörung (und möglicherweise auch einer gewissen Eifersucht) darüber, dass Sträubleder (ungenannt) nun gleichsam als Opfer der Blum dargestellt wurde und dass gemäß Lüdings Anweisung (41, S. 98 **sofort S. ganz raus, aber B. ganz rein**) und möglicherweise von Sträubleder angeregt die negative Berichterstattung ganz auf die Blornas verlagert wurde, auch nach Tötges' Tod.

Nachdem Dr. Blorna die Verteidigung Katharinas und aus Sympathie zu ihr unglücklicherweise auch Göttens übernommen hat und sich – nicht immer geschickt, wie die Vorsprache beim Pfarrer von Gemmelsbroich (50, S. 120 f.) zeigt – um Entlastungsmaterial bemüht, dabei von der ZEITUNG weiter attackiert wird, vollzieht sich an ihm eine merkwürdige Persönlichkeitsveränderung, insofern er sich in Kleidung und Körperpflege immer mehr vernachlässigt (52, S. 124) und offenbar auch immer aggressiver wird. Man hält ihn sogar für fähig, dass er eines Tages zu einer Waffe greift. Da ihm von der Lüstra nur noch wenig attraktive und schlecht honorierte Aufträge zuteil werden und er in Geldnöte gerät, steigert sich seine Abneigung gegen Sträubleder noch mehr und führt bei einem zufälligen Zusammentreffen mit ihm sogar zur Handgreiflichkeit (56, S. 129). Am Schluss (57, S. 131 f.) sorgt sich der Erzähler um Blornas weiteres Schicksal, falls man ihm – wie es gerüchteweise verlautet – die Verteidigung Katharinas, die er noch immer verehrt, wegen zu großer Befangenheit entzöge. Es scheint, als habe die ZEITUNG mit ihren Verleumdungskampagnen nicht nur Katharinas bisheriges Leben, sondern auch das des Dr. Blorna zerstört, nachdem er von seinen bisherigen Auftraggebern, den Kapitalisten Lüding und Sträubleder, fallen gelassen wurde.

Vergleicht man damit die Persönlichkeit seiner Frau, der Architektin Dr. Trude Blorna, so hebt sie sich deutlich vom Charakter ihres Mannes ab. Auffallend ist, dass sie einen größeren Realitätssinn als ihr mitunter emotional reagierender Mann aufweist. Sie ahnt als Erste schon im Urlaub die Schwierigkeiten, die Katharina und ihnen bevorstehen, ahnt aber auch Sträubleders Sorgen, der wie Lüding telegrafisch Blornas sofortige Rückkehr und seinen Rechtsbeistand erbeten hatte. Zu Katharina, die ihr in Haushaltsdingen weit überlegen ist, hat sie ein vertrauensvolles, herzliches Verhältnis und nennt sie gelegentlich **Kathrinchen** (8, S. 15). An Katharinas zunächst einziger strafbarer Handlung, der Fluchtbegünstigung Göttens, fühlt sie sich mitschuldig, weil sie ihr die Baupläne mit den Fluchtmöglichkeiten gezeigt hat. (Später wird sie von der SONNTAGSZEITUNG deshalb angegriffen). Sie erkennt aber auch lange vor ihrem Mann, was es mit den ominösen **Herrenbesuchen** bei Katharina auf sich hat und spöttelt damit später wenig taktvoll gegenüber Sträubleder (40, S. 95).

Trude Blornas zweiter auffallender Wesenszug ist ihre Schlagfertigkeit. Schon als Studentin hat sie sich, offenbar politisch links stehend, den Namen **die rote Trude** erworben (den die ZEITUNG zur Stützung ihrer Behauptung einer linken Verschwörung heranzieht). Auch als Gastgeberin hält sie mit spitzen Bemerkungen nicht zurück und kennt dabei mitunter kein Taktgefühl. Besonders Sträubleder, der sich einmal vergeblich um ihre Liebesgunst bemüht hatte (39, S. 89), bekommt dies zu spüren (40, S. 95–130), ebenso wie dessen Frau (56, S. 95–120). Dass ihre verbalen Aggressionen gelegentlich auch das gebotene Maß stark überschreiten, zeigt sich, als sie nach der Mitteilung der Inhalte der SONNTAGSZEITUNG durch Frau Woltersheim (49, S. 119) Lüding anruft und ihm vorhält: **Sie Schwein, Sie elendes Ferkel.**

Anders als ihr Mann, der dadurch psychisch deformiert wird, begegnet sie den Beschuldigungen und Verleumdungen der ZEITUNG bzw. SONNTAGSZEITUNG mit gesunden Abwehrreaktionen. Als ihr schließlich wegen der ihr vorgeworfenen Informierung Katharinas über die Fluchtwege des Hauses im Architekturbüro gekündigt werden soll, ist sie aber ohne weiteres bereit, **wieder als bessere Verkäuferin mit dem Titel *Beraterin für Innenarchitektur*** bei einer großen Möbelfirma zu arbeiten, mit einer Gehaltsminderung und einem entsprechenden sozialen Abstieg. Sie muss aber erleben, dass man sie dort ablehnt, weil, wie man sie wissen lässt, **die Kreise,** an die man üblicherweise verkaufe, genau die Kreise sind, mit denen **Sie sich überworfen** habe (57, S. 132). So bleibt letztlich auch Trude Blornas Zukunft offen: Die ZEITUNG hat so auch ihre Lebensperspektive zerstört, selbst wenn man annehmen kann, dass Trude Blorna – im Gegensatz zu ihrem Mann – mit ihrer psychologischen Konstitution irgendwie einen anderen Weg finden wird.

3.3 Frau Woltersheim

Frau Else Woltersheim, die ledige Wirtschafterin, Lehrerin an der Hauswirtschaftsschule in Kuir und Mitglied des Prüfungsausschusses in der Handwerkskammer, die von Katharina als ihre *Patentante* bezeichnet wird, ist nach den Angaben bei ihrer polizeilichen Vernehmung 44 Jahre alt, also 17 Jahre älter als Katharina. Sie übt ihr gegenüber die Rolle einer mütterlichen Freundin und Vertrauten aus, wenn Katharina in Sorgen ist. So unterstützte sie jene schon seelisch und finanziell während des Besuchs der Hauswirtschaftsschule, bot ihr auch nach der Ehescheidung für einige Wochen eine Wohnung an, bis Katharina in das Haus des Dr. Fehnern umzog (15, S. 23). Danach scheint sie ständigen Kontakt zu Katharina gehalten zu haben, worauf auch die Einladung zu jenem Hausball hinzudeuten scheint, auf dem Katharina Ludwig Götten kennen lernte, womit das Hauptgeschehen seinen Anfang nahm. Auch nach ihrer ersten Vernehmung flüchtet Katharina aus ihrer Wohnung zurück zu Frau Woltersheim (24, S. 43). Und nach den Vernehmungen am Freitag verlässt Katharina mit Else Woltersheim und Konrad Beiters zusammen das Polizeipräsidium und bittet ihre Begleiter sie zuerst in ihre Wohnung zu bringen und mitzukommen, da sie dort Angst vor Belästigungen habe, nachdem sie in der Nacht in obszöner Weise von einem Hausbewohner telefonisch belästigt worden war. Auch Frau Woltersheim, die dann zusammen mit Katharina die eingegangene Post, fast nur obszöne Beleidigungen, Sexkataloge, üble politische Beschimpfungen und religiöse Ermahnungen an Katharina, durchsieht, macht diese Erfahrung.

Den Freitagabend und einen Teil des Samstags verbringt Katharina zusammen mit ihrer *Tante* Woltersheim, die jedoch nicht verhindern kann, dass sich Katharina am Samstagmorgen und Sonntagmorgen die jeweilige ZEITUNG besorgt und dann am Sonntag sich ganz von ihr entfernt (37, 44, 45, 46, 47).

Else Woltersheims Engagement für Katharina zeigt sich auch bei ihrer Vernehmung durch die Polizei, der sie nach Katharinas ersten Erfahrungen mit ihr und nach dem ersten ZEITUNGs-Bericht feindselig begegnet (28, S. 62), in ihrer Beschwerde über die Verleumdungen Katharinas in der ZEITUNG (28, S. 65). Es ist bemerkenswert, wie psychologisch zutreffend Frau Woltersheim aus Katharinas Desinteresse an ihrer Wohnung und aus ihrer **Verstörtheit** auf eine psychische **Zerstörung** schließt (28, S. 62). Mit ihrem Patenkind zeigt sich Frau Woltersheim auch darin solidarisch, dass sie wie Katharina den Namen des **Herrenbesuches** nicht nennt, Katharina aber zu entlasten sucht, indem sie das Ganze als eine

kitschige Angelegenheit charakterisiert, die mit Götten nichts zu tun habe. Gegen den Vorwurf des jungen Staatsanwalts Dr. Korten, ihr **sei eine merkwürdige Sorglosigkeit im gesellschaftlichen Umgang** eigen und dass sie in der **Auswahl ihrer Gäste nicht gerade wählerisch** sei (28, S. 62), setzt sie sich entschieden zur Wehr und offenbart auch hierin ihre Zivilcourage. Dass sie sich auch gegenüber moralischen Konventionen als emanzipiert erweist, zeigt sich in ihrem Liebesverhältnis zu Konrad Beiters (46, S. 112). Der guten Zusammenarbeit zwischen Beizmenne und Tötges, die der Kommissar nach der Ergreifung Göttens offen zugibt (48, S. 116), ist es wahrscheinlich zu verdanken, dass Beizmennes gleichzeitige Angaben über Else Woltersheims in der DDR lebende und nicht zur Übersiedlung bereite Mutter und ihren 1932 als Kommunist in die Sowjetunion geflohenen und dort verschollenen Vater nach Tötges' Tod in der ZEITUNG erscheinen. Dies führt zu einer Verbitterung Elses, die sich – nicht ganz zu Unrecht – gegen die Gesellschaftsschicht richtet, deren buffetgierige und diebische Vertreter sie bei Partys und Empfängen zu bedienen hat. Wie sie Blorna gesteht, möchte sie ihnen das Essen am liebsten über den Frack oder in den Busen schütten (55, S. 128).

Nach Katharina und den Blornas haben also die Bloßstellungen und Verleumdungen der ZEITUNG auch bei Else Woltersheim zu aggressiven Gedankenreaktionen geführt.

3.4 Ludwig Götten

Der schnell aufgetauchte und ebenso schnell verschwundene Geliebte Katharinas wird nur in den Berichten und Schilderungen anderer Figuren charakterisiert, sieht man von den Erzählerhinweisen über sein Auftauchen und Verschwinden und von den indirekten Wiedergaben seiner Äußerungen einmal ab. So erfährt man aus der Aussage Hertha Scheumels (29, S. 67 ff.), dass sie sich mit Götten bei Frau Woltersheim verabredet hatte, dass dann aber **Katharina den Götten fast sofort mit Beschlag belegte und den ganzen Abend mit ihm tanzte** (29, S. 69). Der Teilnehmer Georg Plotten sieht das allerdings anders, wenn er von einer **totalen Vereinnahmung von Katharina Blum durch Ludwig Götten** spricht, der ein Quartier für die Nacht suchte, das er bei der siebzehnjährigen Hertha Scheumel kaum erwarten konnte, wohl aber bei der älteren Katharina, in ihr zunächst ein Mittel zum Zweck sah, bevor er sich in sie – die diese Absicht offenbar nicht erkannte – verliebte. Sie erklärt im Verhör, dass sie **ausschließlich und innig mit Ludwig Götten getanzt** habe und ferner: **Ich empfand große Zärtlichkeit für ihn und er für mich** (24, S. 54). Auch im Telefonat, das Götten Donnerstagnacht mit ihr führt, wird dieser Eindruck bestätigt. Da sie schon am Mittwochabend mit ihm vereinbart hatte nicht von **Liebe** zu sprechen, drücken beide ihre Zuneigung mit anderen Worten aus (25, S. 57). Sie reden **wie Leute, die große Zärtlichkeit füreinander haben, eben miteinander am Telefon plaudern.** Dazu gehört auch, daß Götten nach seiner Festnahme sofort betont, dass **Katharina überhaupt nichts mit der Sache zu tun hat** (40, S. 95). Diese Kennzeichnung Göttens als eines zärtlichen Liebhabers passen allerdings nicht recht mit seinem Verhalten gegenüber anderen zusammen und schon gar nicht mit dem Bild, das Beizmenne und die Strafverfolgungsbehörde von ihm haben. Festzustehen scheint nach den späteren Angaben des Staatsanwalts Hach, dass Götten einen Bundeswehrsafe geplündert, Bilanzfälschungen und Waffendiebstahl begangen hat (wahrscheinlich mit Komplizen), desertiert und geflüchtet ist und einen Porsche stahl, bevor er Katharina traf (54, S. 127). Bei seiner Festnahme in Sträubleders Landhaus, für das ihm Katharina die Schlüssel gab, schoss er auf die ihn aufstöbernden Polizisten und wurde dann selbst verwundet. Er nahm also die Tötung anderer in Kauf um seine weitere Freiheit zu erzwingen. Beizmennes Bild von ihm ist noch negativer. Die Kriminalbeamtin Pletzer formuliert es, als sie Katharina höflich mitteilt, **daß Ludwig Götten ein lange gesuchter Bandit sei, des Bankraubs fast überführt und des Mordes und anderer Verbrechen verdächtig** (13, S. 20).

Für Katharina aber bleibt er der, **der da kommen soll,** wie sie Else Woltersheim gesteht (26, S. 59).

3.5 Polizisten und Staatsanwälte

Dem Wesen der Kriminalerzählung entsprechend, die in *Katharina Blum* auch realisiert ist, gehören Kriminalbeamte und Staatsanwälte zum unerlässlichen Personal eines solchen Textes. Obwohl es sich hierbei um bloße Funktionsträger handelt, hat sich Böll nicht ohne Ironie um eine gewisse Differenzierung der in Frage kommenden Personen bemüht.

Hier wäre zunächst der Kriminalhauptkommissar Beizmenne zu beachten, der die wichtigste Rolle bei der Verhaftung Göttens und Katharinas spielt. Beizmenne scheint der älteste und erfahrenste der beteiligten Kriminalisten zu sein, ein Mann in den Fünfzigern offenbar, denn er wirkt – wie es heißt (16, S. 27) – Katharina gegenüber **väterlich** und verweist bei der Erwähnung des Verschwindens von Elses Vater auf die Vermisstenlisten der Deutschen Wehrmacht, an die er sich offensichtlich noch erinnern kann.

In seinem Beruf scheint er sehr ehrgeizig zu sein und überlegt zu handeln. So lässt er den gesuchten Götten bereits sechsunddreißig Stunden vor seiner Begegnung mit Katharina durch getarnte Detektive beobachten, ordnet ihm den als Scheich verkleideten Kriminalbeamten *Karl* zu, lässt sogleich die Telefone bei Frau Woltersheim wie bei Katharina *anzapfen* und den Gebäudekomplex, in dem Katharina wohnt, überwachen. Auch nachdem er weiß, dass sich Götten in Sträubleders Landhaus aufhält, lässt er ihn nicht sofort ergreifen um auch seine Komplizen ausfindig zu machen – nicht ohne Erfolg. Umso mehr muss er darüber verägert sein, dass ihm Götten aus Katharinas Wohnung zunächst entwischen kann. Dementsprechend ist sein Auftreten gegenüber Katharina zuerst **ziemlich barsch** (11, S. 18). Ob er dabei die umstrittene Frage: **Hat er dich gefickt?** gestellt hat, muss offen bleiben. Dass Beizmenne auch in Verhören geschickt Suggestivfragen einschalten kann, zeigt die Frage nach der Dauer der Bekanntschaft Katharinas mit Götten, wo es heißt, dass Beizmenne **brutal zugriff** (19, S. 32).

Nachdem wahrscheinlich Beizmenne Donnerstagnacht durch das abgehörte Telefonat zwischen Katharina und Götten dessen neuen Aufenthalt ermitteln konnte (48, S. 115), zeigt er sich denn auch voller **Entspanntheit, Freundlichkeit und Milde** (25, S. 58 und 24, S. 44), die ihn sogar veranlasst sich wegen **gewisser Grobheiten** zu entschuldigen, wobei er sich als einen **etwas ungeschliffenen Kerl** bezeichnet (ebd.). Allerdings führt dies nicht zu einem Nachlassen seiner Unerbittlichkeit im weiteren Verhör.

Gegenüber der Strenge Beizmennes werden die beiden weiteren Kriminalbeamten, Beizmennes Assistent, Kriminaloberkommissar Moeding, und die Kriminalbeamtin Pletzer als freundlich, nett und vertrauensvoll gegenüber Katharina charakterisiert. Moeding, der Katharina nach den Vernehmungen am Donnerstagabend nach Hause gefahren und sich entspannt mit ihr unterhalten hat, ihr auch heimlich einige Verhaltensratschläge (gegenüber Telefon und Zeitung) gab, suchte anschließend Beizmenne vergeblich davon zu überzeugen, dass Katharina **völlig zerschmettert, fix und fertig** sei und sich etwas antun könne, weshalb man sie zu ihrem eigenen Schutz in Haft nehmen solle (20, S. 33). Nach der Erschießung Tötges' meldet sich Katharina am Sonntagabend bei Moeding, zu dem sie Vertrauen hat und der **eine gewisse Sympathie für sie empfindet** (3, S. 9), zur Selbstanzeige und nicht bei Beizmenne.

Differenziert stellt BÖLL auch die beiden Staatsanwälte dar, den älteren Hach und den jüngeren Dr. Korten. Dabei spielt Staatsanwalt Hach insofern eine Doppelrolle, als er einerseits zu den Kontrahenten Katharinas zählt, andererseits wichtige Informationen aus den Verhören und Verfahren an Blorna weitergibt und so über ihn zu den *Quellen* des Erzählers zählt. Hach und Blorna sind Studienfreunde; Hach gehörte auch zu den häufigen Gästen im Hause Blornas, und Katharina bezeichnet ihn als einen ihrer Tanzpartner (17, S. 29). Etwas dubios bleibt Hachs Rolle bei Katharinas Festnahme hinsichtlich der von ihm Beizmenne unterstellten Frage, da er nach Angabe des Erzählers **unter Bekannten und Freunden als *Sexklemmer*** gilt, weshalb der Erzähler es für möglich hält, dass Hach **ein so grober Gedanke** gekommen sei und **er diese Frage gern gestellt oder die so grob definierte Tätigkeit gern mit ihr ausgeübt hätte** (12, S. 19 f.).

Hachs Kollege Dr. Korten fällt dadurch auf, dass er – wie schon zuvor Hach gegenüber Katharina – Frau Woltersheim etwas übereifrig nach ihrer Beschwerde gegen die **Zerstörung** Katharinas durch die Verleumdungen der ZEITUNG auf die Bedeutung der Pressefreiheit und die Informationspflicht der Behörde hinweist und sie wegen ihrer Gästeauswahl kritisiert. Dr. Korten sieht sich aber auch der Lächerlichkeit vor seinen Kollegen preisgegeben, als er naiv Nachforschungen nach Göttens Begleiter *Karl* fordert und nicht erkennt, dass es sich bei Karl um einen verkleideten Polizisten handelt.

3.6 Tötges

Ich wollte wissen, wie solch ein Mensch aussieht, was er für Gebärden hat, wie er spricht, trinkt, tanzt – dieser Mensch, der mein Leben zerstört hat. So rechtfertigt Katharina im Schlusskapitel ihren vergeblichen Ausflug ins Journalistenlokal **Die Goldente** (58, S. 134). Etwas später sieht sie ihn dann vor der Tür und beschreibt ihn Blorna gegenüber wie folgt: **Nun, ich sah sofort, welch ein Schwein er war, ein richtiges Schwein. Und dazu hübsch. Was man so hübsch nennt** (ebd., S. 135). Blorna selbst hatte den Journalisten, der ihn im Urlaub befragte (Tötges?), als **schmierig** aussehend in Erinnerung (21, S. 35). Beide nachträglichen Negativcharakterisierungen können durch die zwischenzeitlichen Verleumdungen in der ZEITUNG bzw. SONNTAGSZEITUNG beeinflusst sein. Man ist allerdings berechtigt aus den unlauteren Verfälschungen der Fakten, wie sie (von ihm?) in den Zeitungen vorgenommen werden, auf einen gewissenlosen Journalisten zu schließen, muss aber dabei bedenken, dass derartige sensationsbedingte Modifizierungen, wie sie Tötges (oder die Redaktion) vornimmt, zum Stil und System solcher Boulevardblätter gehören, die kaum als seriöse Informationsvermittler gelten können (vgl. Kap. 4).

Für Katharina wie auch für die Blornas personifiziert sich diese Berichterstattung in der Figur des Journalisten Tötges. Dass dieser ein äußerst trickreicher, gerissener und skrupelloser Reporter ist, zeigt sich z. B. in seinem Einfall als Anstreicher verkleidet an das Krankenbett der todkranken Mutter Katharinas vorzudringen und diese durch seine

Nachrichten über die Tochter tödlich zu schockieren (42, S. 102 f.). Dass selbst Sträubleder und der die ZEITUNG beherrschende Lüding sich wegen Katharinas Interviewvereinbarung vor Tötges ängstigen, beruht darauf, dass dieser **unter einem anderen Namen** auch in Illustrierten schreibt (40, S. 91), auf die Lüding keinen Einfluss nehmen kann.

3.7 Die Unternehmer

Die beiden Herren, die in dem hier gebotenen Gesellschaftsquerschnitt den in der kapitalistischen Marktwirtschaft höchsten Rang vertreten, die Kapital- und Firmenbesitzer Sträubleder und Lüding, werden – wie schon die Staatsanwälte und Kriminalkommissare – als Zweiergruppe vorgeführt. Dabei scheint Lüding der einflussreichere von ihnen zu sein, der sowohl die ZEITUNG beherrscht (40, S. 90 **›die ZEITUNG‹, sagte Sträubleder, ›stellt keine Gefahr dar, das hat Lüding in der Hand‹**) als auch **gute Beziehungen** zum Innenministerium hat (S. 95). Lüding selbst taucht aber in der Handlung nie auf, er bleibt wie eine graue Eminenz im Hintergrund. Der Autor hat allerdings Lüdings monarchenähnliche Allüren und die ihm staatlicherseits zu seiner Sicherheit zugeordnete Telefonüberwachung (mit Tonbandaufzeichnungen) am Beispiel eines Streites zwischen Lüdings Sekretärin und seiner Köchin über den Nachtisch am Sonntag bloßgestellt (41, S. 99).

Umso mehr wird Alois Sträubleder in den Blick gerückt. Er zählte zu den Gästen Blornas, hatte dort vergeblich mit Trude Blorna geflirtet, sich dann in Katharina verliebt, sie wiederholt nach Hause gebracht, sich Zutritt zu ihrer Wohnung verschafft ohne von Katharina Gunstbeweise zu erlangen, obwohl er ihr Briefe schrieb (deren Inhalt man nicht erfährt), einen kostbaren Ring schenkte und ihr den Schlüssel zu seinem Landhaus aufdrängte. Nachdem ihn Trude Blorna als den ominösen **Herrenbesuch** aus den Verhören und aus der ZEITUNG erkannt und spöttisch entlarvt hat (38, 40, S. 95), gibt er auch im Gespräch mit Blorna zu in Katharina verliebt und der **Herrenbesuch** und Ringschenker zu sein. Er sei auch bereit zu dieser romantischen Frauengeschichte in der Öffentlichkeit zu stehen, was nur private Schwierigkeiten brächte (Sträubleder ist mit Maud verheiratet und hat vier Kinder), nur möchte er nicht mit dem **Banditen** Götten zusammengebracht werden, der mit Katharinas Hilfe in seinem Landhaus stecke. So lehnt Sträubleder, den die Woltersheim einen **eitle[n] Fatzke[n]** nennt (37, S. 80), es ab, sich für Katharina gegen die ZEITUNG einzusetzen; sein politisch-gesellschaftliches Prestige ist ihm wichtiger. Wie wenig Charakterstärke er besitzt, zeigt sich auch darin, dass er Blorna als Industrieanwalt fallen lässt, wahrscheinlich auf Lüdings Weisung hin. Der endgültige Bruch zwischen den Blornas und den Sträubleders ergab sich allerdings, als Sträubleder Hubert Blorna wieder die Hand zur Versöhnung anbot (gespielt oder erst gemeint) und dieser ihn ohrfeigte und als Sträubleders Frau Trude Blorna bemitleidete und diese ebenfalls jede Versöhnung ablehnte (56, S. 130).

3.8 Die Nebenfiguren

Neben den charakterisierten Personen der *Katharina Blum* wäre noch auf eine Reihe anderer hinzuweisen, soweit sie in bestimmter Form Profil gewinnen und bestimmte Funktionen im Handlungsgefüge des Textes einnehmen. So könnte man etwa Konrad Beiters, den *Freund* der Else Woltersheim, nennen, von dem Katharina die Pistole entwendet hat, die Beiters noch aus seiner Zeit als (recht junger) politischer Leiter der Nazis in Kuir besaß. Im Unterschied zu Beiters, der eine kaum beteiligte Randfigur ist, werden die weiteren Personen von der ZEITUNG als Gewährspersonen angeführt, die die Behauptungen des Journalisten bestätigen sollen.

Dass Tötges dabei auch Aussagen umformt, beweist (neben Blornas Angabe über Katharinas Klugheit und Kühle (21, S. 35; 22, S. 36)) die Aussage von Dr. Hiepertz über Katharina (23, S. 42).

Als solche Zeugen führt die ZEITUNG vor allem Wilhelm Brettloh und den Pfarrer von Gemmelsbroich an. Dabei werden diese beiden Personen durch ihre Aussagen, die besonders volkstümlich stilisiert erscheinen, als naiv-sentimental charakterisiert. Brettloh, den die ZEITUNG als **biederen Textilarbeiter** kennzeichnet, betont unter Tränen, dass Katharina offenbar **unser bescheidenes Glück** und **meine unkomplizierte Zuneigung** nicht genügt hätten. Da Tötges die Anschuldigungen gegen Katharina auch antikommunistisch zu untermauern sucht, worin er im Pfarrer von Gemmelsbroich einen Bundesgenossen findet (vgl. 50, S. 120), lässt er auch Brettloh betonen: **so müssen falsche Vorstellungen von Sozialismus ja enden.** Brettlohs Zitate schließen mit sentimentalen Zurufen an die **kleine Katharina,** in denen er vom entgangenen, aber möglichen gemeinsamen Glück mit **Eigentum und einem Kleinwagen** faselt und sich einen **redlichen Arbeitsmann** nennt, **der der Gewerkschaft mißtraut** (23, S. 41). Der Schlussaffront gegen die Gewerkschaften entspricht wieder der antikommunistischen Tendenz, die angeblich Brettloh, völlig unmotiviert und kontextlos, ebenso wie die kleinbürgerlichen Eigentumsvorstellungen zum Ausdruck gebracht habe.

Der Pfarrer, der Katharinas Vater als **verkappten Kommunisten** bezeichnet und die Mutter als Schlampe charakterisiert, kolportiert so das primitive Vorurteil, dass Kommunisten asozial und zu Verbrechen fähig seien und dass diese Anlage erblich sei, sonst hätte es ja nicht bei Katharina wirksam werden können (zumal Katharina mit sechs Jahren den Vater verlor). BÖLL hat diese Figur des Pfarrers im Bericht über einen Besuch Blornas bei ihm zu einer kleinen Satire ausgestaltet, wenn er diesen Geistlichen behaupten lässt, dass er rieche, wer ein Kommunist sei (50, S. 107 f.). Diese kompositionell überflüssige Degradierung eines Landpfarrers, die nicht einmal der stilistischen Simplifizierung der ZEITUNG entstammt, mag man als einen Ausfluss der damaligen Klerikerfeindschaft BÖLLS erklären[18]. Trotzdem bleibt die von der ZEITUNG gebotene Charakterisierung des Pfarrers von Gemmelsbroich negativ genug.

4 Die Rolle der ZEITUNG im Text

Der Titel der Erzählung (*Die verlorene Ehre der Katharina Blum oder: Wie Gewalt entstehen und wohin sie führen kann*) weist darauf hin, dass der Ehrverlust Katharinas und seine Auswirkungen im Mittelpunkt des Textes stehen. Dieser Ehrverlust ist nach der Darbietung des Erzählers wie auch nach den Aussagen Katharinas, der Blornas und der Frau Woltersheim eindeutig das Ergebnis der verleumderischen Berichte in der ZEITUNG. Selbst die Staatsanwälte räumen ein, dass hier **verleumderische Details der Berichterstattung** (27, S. 60), **gewisse gewiß verwerfliche Formen des Journalismus** (28, S. 65) vorliegen könnten. Die Rolle und das Vorgehen der ZEITUNG erfordern daher eine eingehende Untersuchung.

4.1 Das Geschehen aus der Sicht der ZEITUNG

Boulevardzeitungen, wie hier die ZEITUNG und die SONNTAGSZEITUNG, suchen den Absatz ihrer Massenauflagen dadurch zu sichern, dass sie ihre Meldungen in den Formulierungen und im Lay-out möglichst sensationell aufmachen. Dabei ist weniger die politisch-gesellschaftliche Wichtigkeit der Texte, also ihr Informationswert, entscheidend, sondern vielmehr ihr Unterhaltungswert. Ein solcher Sensationscharakter wird in der Stoffwahl zumeist durch die Konzentration auf Gewalttaten (crime), Liebesbeziehungen (sex), Skandal und Unerwartetes erreicht, deren Einzelheiten in einem möglichst reißerischen Stil vermittelt werden, der eine schnelle Erfassung der Lektüre durch ein breites, wenig reflektierendes Publikum ermöglicht. Vorgänge aus Polizeiberichten (**Presseverlautbarung,** S. 60) erweisen sich hier als besonders interessant, wenn es sich dabei um ungelöste Fälle handelt, die eine gewisse Fortdauer über mehrere Fortsetzungen versprechen.

Die Vorgänge um Katharina Blum, soweit sie von der Kriminalpolizei der Presse bekannt wurden, schienen solchen Erwartungen zu entsprechen. Zwar lag hier zunächst kein im Einzelnen beschriebenes Verbrechen (crime) vor, doch genügte es, die von der Polizei übermittelten Kennzeichnungen Ludwig Göttens (**ein lange gesuchter Bandit; [...], des Bankraubs fast überführt und des Mordes und anderer Verbrechen verdächtigt,** 13, S. 20) entsprechend hervorzuheben um ein Leserinteresse am Kriminalvorgang zu wecken. Da aber der Polizeibericht über Göttens Straftaten keine Einzelheiten bot, dagegen solche über Katharina Blum, ihre Person, ihre Beziehung zu Götten und ihre einzige Straftat (Fluchthilfe, vgl. 26, S. 58 f.) enthielt, war hier eine Möglichkeit geboten eine Sensationsstory über den flüchtigen *Verbrecher* und seine ihn unterstützende Geliebte zu publizieren, die sogar als **front-page-story** (21, S. 35) mit Riesenfoto in Riesenlettern auf der ersten Seite angekündigt werden konnte (22, S. 35 f.):

> **RÄUBERLIEBCHEN KATHARINA BLUM**
> **VERWEIGERT AUSSAGE ÜBER HERRENBESUCHE**
>
> Der seit eineinhalb Jahren gesuchte Bandit und Mörder Ludwig Götten hätte gestern verhaftet werden können, hätte nicht seine Geliebte, die Hausangestellte Katharina Blum, seine Spuren verwischt und seine Flucht gedeckt.

Was für die Polizei nur Vermutung gewesen sein konnte, nämlich, dass Götten Bandit, Bankräuber und Mörder war (obwohl die Kriminalbeamtin auch von einem **Bandit(en)** sprach [13, S. 20]), wird in der ZEITUNG zum Faktum, als sei Götten der in dieser Bezeichnung implizierten Straftaten bereits überführt. Einem solchen hier vorverurteilten Verbrecher musste natürlich eine ähnlich diffamierte Geliebte entsprechen. Katharina wurde so zum *Räuberliebchen* degradiert (S. 39 **Mörderbraut**). Alle bekannt gewordenen Einzelheiten über sie werden zu ihrem Nachteil ausgelegt: Die **Herrenbesuche,** die Nachbarinnen seit zwei Jahren bei ihr beobachtet haben und über die Katharina im Verhör keine Angaben machen will, werden als Beweis einer **Verschwörung** ausgelegt. Die Wohnung wird als **Konspirationszentrum, Bandentreff, Waffenumschlagplatz** negativ charakterisiert. Zwar erscheinen diese fantastischen Lokalisationen verpackt in rhetorische Fragen, die aber bekanntlicherweise indirekte Behauptungen sind[19] und als solche von der Leserschaft auch aufgefasst werden sollen. Katharina wird somit zur *Seele* der Räuber- und Terrorbande stilisiert. Assoziationen zur damals gefürchteten und mitunter hysterisch übertrieben gesuchten Baader-Meinhof-Bande (wie sie in der ***Bild***-Zeitung regelmäßig bezeichnet wurde) und besonders zu Ulrike Meinhof mussten 1974 bei Erscheinen des Textes nahe liegen. Der Erwerb der Eigentumswohnung konnte dementsprechend nur aus einem Bankraub finanziert sein. Zur Bekräftigung der Behauptungen werden seriös wirkende Zeugen aufgeführt: die Arbeitgeber Dr. Blorna und Dr. Hiepertz (deren Aussagen verdreht wurden) und der Pfarrer von Gremmelsbroich mit seiner ominösen Kommunismus-Verschwörungshypothese. Mit den Hinweisen darauf, dass die Polizei weiter ermittle, die Staatsanwaltschaft **auf Hochtouren** arbeite, dem Eigenlob, dass die ZEITUNG **am Ball** bleibe und dass man in der **morgigen Wochenendausgabe sämtliche Hintergrundinformationen** bringen werde, wird die Neugier der Leserschaft wach gehalten.

Nach der **Verlautbarung** der Staatsanwaltschaft vom Donnerstag mit den Basisangaben über Götten und Katharina scheint die ZEITUNG keine weiteren Polizeiberichte mehr erhalten oder ausgewertet zu haben; die ungeklärten Fragen der hohen Kilometerzahl, des Rings und des Briefumschlags werden jedenfalls von der ZEITUNG nicht erwähnt. Sie könnten ja die von der ZEITUNG aufgebrachte *Verschwörungs*-Hypothese widerlegen.

So konzentriert sich die Samstagsausgabe auf die Publizierung der vorangekündigten **Hintergrundinformationen** über den **Charakter der Blum und ihre undurchsichtige Vergangenheit** (23, S. 40), indem nun weitere Zeugen vor allem aus Katharinas Heimatort zu Wort kommen: Katharinas einstiger Ehemann, die Eheleute Dr. Hiepertz und der Altbauer Meffels.

Das Interview mit der schwer kranken Mutter Katharinas wird von der ZEITUNG als Erfolg ihrer Reporter herausgestellt (**Es gelang ZEITUNGs-Reportern** [...] S. 40). In Wirklichkeit handelte es sich um ein raffiniertes Vordringen an das Krankenbett der frisch operierten krebskranken Frau mithilfe eines Verkleidungstricks. Da der Reporter Tötges vom Pförtner, von der Schwester und vom Arzt auf die lebensnotwendige Ruhebedürftigkeit von Frau Blum hingewiesen worden war (42, S. 102), kann sein Verhalten, das zum Tod der Frau durch psychischen Schock aufgrund von Tötges' Mitteilungen führte, nur als zynisch und als gewissenlos herbeigeführte fahrlässige Tötung bezeichnet werden, auch wenn der Erzähler jede derartige Absicht bestreitet, ihn aber trotzdem **Todesherbeiführer** nennt (ebd., S. 102).

Den Gipfel der skrupellosen Verleumdung erreicht Tötges aber, wenn er in der SONNTAGSZEITUNG seine Schuld am Tod von Frau Blum ihrer Tochter Katharina zuweist.

Über die Zeugenaussage Wilhelm Brettlohs, des geschiedenen Ehemanns Katharinas, ist bereits an anderer Stelle einiges gesagt worden. Fasst man seine weinerlichen Vorwürfe, Beschuldigungen, Unterstellungen und Spekulationen zusammen, so bilden sie ein einziges Rührstück, dargeboten um naive Leser zu sich identifizierendem Mitleid mit dem

völlig gebrochenen ehemaligen Ehemann der Blum (S. 42) und zu Aversionen gegen seine *schuldhaft* geschiedene Frau zu veranlassen. Neue Informationen werden in der Samstags-ZEITUNG kaum geboten.

Anders die SONNTAGSZEITUNG: BÖLLS (fiktiver) Text bietet offenbar nicht alles über Göttens Festnahme, über die nur die Titelheadline berichtet: **Der zärtliche Liebhaber von Katharina Blum in Industriellen-Villa gestellt.** (47, S. 113). Er bringt dagegen reichlich Bild- und Textmaterial über Katharina, von der Tötges offenbar nicht ablassen will. Zunächst unterstellt er ihr – wie schon erwähnt – die Schuld am Tod ihrer Mutter ohne zu erwähnen, dass er ihr einen Schock versetzt hat. Er nennt hier Katharina **undurchsichtig** und stellt gleichsam anklagend fest, dass sie sich **immer noch auf freiem Fuß** befindet. Dann sucht Tötges Katharina als **eiskalt und berechnend** und **ans extrem Perverse grenzend,** wie er Blornas erste Charakterisierung umgeformt hatte, darzustellen, die mit **inniger Zärtlichkeit mit einem Räuber und Mörder** getanzt habe, während ihre Mutter im Sterben lag, und bei ihrem Tod keine Träne vergossen habe. Aber Tötges begnügt sich nicht mit den Beweisen der Gefühlskälte, er versucht Katharina auch moralisch abzuwerten, indem er eine frühere Arbeitgeberin, die Frau des zudringlichen Landarztes, auftreibt, die Katharina eine **nuttige** Art zuspricht. In mehreren rhetorischen Fragen unterstellt ihr Tötges auch die Teilhabe an den Unterschlagungen des Dr. Fehnern und spielt erneut auf Katharinas soziale Herkunft an, wo der Bruder kriminell wurde, also – wird man folgern – muss es auch die Schwester sein. Eine merkwürdige Informationsumkehrung nimmt Tötges im Verhältnis Katharinas zu ihren **Herrenbesuchen** vor: Hatte die ZEITUNG in der Freitags- wie auch in der Samstagsausgabe (in der Schlagzeile) die **Herrenbesuche** als Konspiration zu deuten gesucht, so werden sie in der SONNTAGSZEITUNG auf einmal in Abrede gestellt um Katharina Prostitution um der Spionage willen zu unterstellen (47, S. 114 f.): **Nicht sie erhielt Herrenbesuche, sondern sie stattete Damenbesuch ab, um die Villa auszubaldowern** (In der Schlagzeile war angegeben, dass Götten **in Industriellen-Villa gestellt** worden sei). Um dieses Ziel zu erreichen habe Katharina – im Auftrag einer Linksgruppe – **den Ruf eines ehrenwerten Menschen sowie dessen Familienglück, seine politische Karriere – über die die ZEITUNG schon mehrfach berichtet** habe, **skrupellos aufs Spiel** gesetzt, **gleichgültig gegenüber den Gefühlen einer loyalen Ehefrau und den vier Kindern.**

Für die hier gebotene Umkehrung der bisherigen Angaben, die sich auf die Verlautbarungen der Polizei stützten, mag folgende Erklärung zutreffend sein: Die Nachricht, dass am Samstagvormittag Götten im Landhaus Sträubleders, des in der ZEITUNG nicht genannten Industriellen, gefasst worden war, dessen **freundschaftliches Vertrauen und spontane Hilfsbereitschaft** Katharina **schamlos mißbraucht** habe, konnte nicht verschwiegen werden. Es musste zumindest auch angedeutet werden, wie Katharinas Geliebter in die Wohnung gelangt war. Dabei bestand natürlich die Gefahr, dass Sträubleders Name mit Katharina und Götten in Verbindung gebracht würde, was Sträubleder über Lüdings Einfluss auf die ZEITUNG offenbar verhindern konnte (vgl. 40, S. 91: **im übrigen wird die Herrenbesuchstheorie fallengelassen**). Indem Tötges nun alle Aktivitäten in dieser Beziehung auf Katharina verlagerte, aus dem **Herrenbesuch Damenbesuch** machte, konnte er Sträubleder entlasten ohne dessen Beziehungen zu Katharina zu leugnen. Am Schluss dieses Abschnitts stellt die SONNTAGSZEITUNG die Frage, **ob die Polizei und Staatsanwaltschaft dem schandebedeckten Götten, der Katharina hinsichtlich der ihr vorgeworfenen Verbrechen voll entlastete** (vgl. 40, S. 95), tatsächlich glauben wolle, ob die Vernehmungsmethoden nicht **zu milde** seien und ob man **gegen Unmenschen menschlich bleiben** müsse (S. 114). Diese Fragen entsprechen nicht nur einer rechtskonservativen Linie der ZEITUNG; sie erwachsen auch aus Tötges' Sorge um die Anerkennung seiner bisherigen Behauptungen, nach denen Katharina Göttens Komplizin sei. Wird aber der von der ZEITUNG vorverurteilte Götten als glaubwürdiger Entlastungszeuge Katharinas akzeptiert, wird seine Aussage ernst genommen, dann erweisen sich Tötges' Verleumdungen Katharinas als Lügen. So stellt er lieber die rechtsstaatliche Ordnung in Frage, die einem Angeklagten vor seiner Verteidigung die gleichen Rechte wie jedem anderen Bürger einräumt.

Gemäß der vom Erzähler (41, S. 98) erwogenen Devise Lüdings (**Sofort S. ganz raus, aber B. ganz rein**) sollte das Gewicht der Berichterstattung der ZEITUNG von Sträubleder weg auf Blorna verlagert werden, den Anwalt Dr. Hubert Blorna, der Lüdings und Sträubleders Kapitalinteressen treu verteidigt hatte, in der heiklen Liebesaffäre Sträubleders diesen aber angeblich im Stich ließ wie dessen Frau, Dr. Trude Blorna, die Sträubleder mit ihrer spitzen Zunge wiederholt gekränkt hatte. Wahrscheinlich ist Tötges von Beizmenne über weitere Einzelheiten der Vernehmungen Katharinas informiert worden, so auch über das unbemerkte Verschwinden Göttens aus dem bewachten Haus Katharinas und Beizmennes Vermutungen einer Mithilfe der **roten Trude** (33, S. 74) sowie über die Aussagen Hertha Scheumels und Claudia Sterms (29, S. 67 ff.). So konnte Tötges – wiederum durch rhetorische Fragen – das vertrauliche, ja freundschaftliche Verhältnis zwischen den Blornas und Katharina, das die Nachbarn bezeugten, als mögliche Komplizenschaft bei Göttens Flucht auslegen.

Mit den Auszügen aus der SONNTAGSZEITUNG endet der Abdruck der originalen Zeitungstexte, die Tötges verfasste. Nur diese sind für Katharinas Handeln, das in Tötges' Erschießung gipfelt, relevant. Die ZEITUNGs-Berichte, in denen die Blornas wie auch Frau Woltersheim nach Katharinas Verhaftung angegriffen werden (vgl. 51, 52), sind für Katharinas Entwicklung unwichtig und werden vom Erzähler nicht mehr originalgetreu wiedergegeben.

4.2 Tötges' Methoden der Informationsverfälschung

Von den verschiedenen Geschehensdarstellungen, die in *Katharina Blum* kontrastiert werden, nämlich die des Erzählers, Katharinas, Blornas, der Woltersheim wie auch der polizeilichen Ermittlungen und schließlich die der ZEITUNG und ihres Reporters Tötges, weichen die der ZEITUNG am stärksten von der Wirklichkeit ab. Die Darstellungen in der ZEITUNG sind weitgehend manipuliert um einen möglichst sensationellen Bericht zu bieten, der dem Publikumsgeschmack entspricht und einen möglichst großen Absatz garantiert. Dabei greift Tötges zu mehreren Methoden der Verfälschung der erhaltenen Informationen, die im Folgenden an Beispielen erläutert werden sollen.

a) Negative Umformungen von positiven Zeugenaussagen über Katharina:

So wird z. B. Dr. Blornas Charakterisierung, Katharina sei **eine sehr kluge und kühle Person** (21, S. 35), zu **eiskalt und berechnend** (S. 36); Dr. Hiepertz' Kennzeichnung **radikal hilfsbereit** wird zu **eine in jeder Beziehung radikale Person, die uns geschickt getäuscht hat** (23, S. 42).

b) Übertreibende und verleumderische Zusätze

Der letzte Nebensatz ist zudem eine Aussageerweiterung, ein übertreibender Zusatz. Weiter heißt es: (Die Eheleute Dr. Hiepertz) **zeigten sich entsetzt über die Aktivitäten der Blum, aber nicht sonderlich überrascht** (23, S. 42). Nach Frau Woltersheims Aussage (28, S. 64) ist Katharinas Mutter **einmal [...] erwischt worden, wie sie in der Sakristei gemeinsam mit dem Küster eine Flasche Meßwein getrunken** hat. In der ZEITUNG lautet dies in der angeblichen Aussage des Pfarrers: (Sie) **hat Meßwein gestohlen und in der Sakristei mit ihren Liebhabern Orgien gefeiert** (22, S. 36 f.).

Aus Katharinas Wohnung macht Tötges in seinen rhetorischen Fragen **ein Konspirationszentrum, ein(en) Bandentreff, ein(en) Waffenumschlagplatz** (22, S. 37). Tötges' Vermutungen und Folgerungen gegen Katharina werden zu **unumstößlichen Fakten** (23, S. 41). Der seit sechs Jahren von Katharina geschiedene Brettloh erscheint als **völlig gebrochene(r) Ehemann,** hält **mühsam die Tränen zurück** (23, S. 41 f.). Die Vereinsmitglieder Brettlohs wandten sich angeblich **mit Grausen** von Katharina ab (ebd.). Dass diese beim Tod ihrer Mutter keine Träne vergoss (was nicht stimmt), grenze ans **extrem Perverse** (47, S. 113). Katharina, die Sträubleders Namen bei der Vernehmung stets beharrlich verschwieg, sollte **im Auftrag einer Linksgruppe die Karriere von S. zerstören** (ebd.).

c) Verschweigen aller Katharina entlastenden Fakten:

Dass Tötges in der ZEITUNG nur Negatives über Katharina und später über die Blornas und die Woltersheim schreibt, obwohl er durch Beizmenne auch Positives über sie erfahren konnte, entspricht der Tendenz der Berichterstattung der ZEITUNG grundsätzlich negative Figuren, Unpersonen, darzustellen. So ergab sich z. B. aus Katharinas Bericht und der Kontrolle über ihre Buchführung (15, S. 25 f.), dass sie die Eigentumswohnung durch Ersparnisse aus ihrer Mehrarbeit und aus Darlehen, die sie regelmäßig abzahlte, finanziert hatte und nicht aus Geldern eines Bankraubes, wie es die ZEITUNG suggerierte.

d) Abwertungen Katharinas und ihrer Freunde:

Neben den auffallenden Charakterisierungen Katharinas als **Räuberliebchen, Mörderbraut** bieten die Berichte der ZEITUNG auch weniger auffallende Abwertungen, die dennoch negativ wirksam sind. So ist z. B. (23, S. 40) von der **undurchsichtige[n] Vergangenheit** Katharinas und (47, S. 113) von ihr selbst als **undurchsichtig** die Rede. Der Bauer Meffels charakterisiert sie als **seltsam,** sie habe **so prüde getan** (war es also nicht?) (23, S. 42). Ihr Verhalten wird (47, S. 114) als **skrupellos** bezeichnet. Auch die Charakterisierung Katharinas als **verstockt** (23, S. 39) dient zu ihrer negativen Stilisierung. Und selbst die wiederholte umgangssprachliche Personeneinführung **die Blum** (23, S. 41 u. ö.) verstärkt in diesem Kontext die Abwertung der Titelheldin.

e) Sentimentalisierende Aufwertung der Gegenseite

Der Abwertung Katharinas wird die sentimentalisierende Aufwertung ihrer dörflichen Heimat gegenübergestellt. Wenn der Reporter Katharina als durchtrieben, gewinnsüchtig und radikal bezeichnet, so stellt er die Menschen ihrer einstigen Heimat als **biedere** (23, S. 41) und **redliche** Arbeiter (ebd.) dar, die **bereitwillig** Auskunft geben. Das gilt vor allem für Katharinas einstigen Ehemann Wilhelm Brettloh, der sich als **redlicher, bescheidener Arbeitsmann** ausgibt (ebd.), **weise** redet, seine **unkompli-**

zierte Zuneigung zu Katharina betont und **die Tränen mühsam zurückhalten** oder **verbergen** muss (23, S. 41/42). Die dreimalige Kennzeichnung Brettlohs als **redlicher** Arbeiter in engem Kontext stellt allerdings die Gültigkeit dieser Angabe in Frage. Katharina hätte er nur **ein bescheidenes Glück** (ebd.) bieten können. Gleichzeitig mit derartigen Stilisierungen werden aber auch weitere Abwertungen vermittelt, die – aus dem Mund von Gewährspersonen – glaubwürdiger wirken. Von Katharina heißt es hier, dass sie **hoch hinaus** wollte (23, S. 41), dass sie **falsche Vorstellungen vom Sozialismus** hatte, ihre **Reichtümer** nicht **ehrlich erworben** habe, **Zärtlichkeiten eines Mörders und Räubers** lieber hatte als die Brettlohs und voller **Radikalität und Kirchenfeindlichkeit** war (ebd.).

Katharinas einstiger Pfarrer, der sie ebenfalls denunziert (**Der trau ich schon alles zu!** 22, S. 36), gilt für den Reporter und die konservative Leserschaft von vornherein als integrer Gewährsmann, der keiner zusätzlichen sentimentalisierenden Aufwertung bedarf. Ähnliches gilt für den **Altbauern Meffels** (23, S. 42).

4.3 Die Sprache der ZEITUNG

Die ZEITUNG, die in Bölls Erzählung am Freitag, Samstag und Sonntag (als SONNTAGSZEITUNG) über Katharina Blum berichtet, bildet den medialen Gegenpart zu Katharina. Sie ist in Lay-out, Text und Stil ganz den bekannten Boulevardblättern nachgestaltet. Wie diese, so beginnt die ZEITUNG ihre Reportage über Katharina Blum jeweils mit einem Bild (**Riesenfoto**) und großen Schlagzeilen (**Riesenlettern** 22, S. 36) mit den bekannten Verleumdungen in verkürzten Sätzen (**RÄUBERLIEBCHEN KATHARINA BLUM VERWEIGERT AUSSAGE ÜBER HERRENBESUCHE**). Ist diese Titelzeile mit sieben Wörtern in einem Satz noch verhältnismäßig lang, so wird die Samstagsausgabe mit ihren zwölf Wörtern auf drei verkürzte Sätze verteilt (S. 35 f.), in denen die drei verschiedenen Aspekte: Katharinas **Verstocktheit,** Göttens Verbleib und die Aufregung der Polizei angesprochen werden (**MÖRDERBRAUT IMMER NOCH VERSTOCKT! KEIN HINWEIS AUF GÖTTENS VERBLEIB! POLIZEI IM GROSSALARM**). Diese Art der Schlagzeilengestaltung ist typisch für die personality-storys von Boulevard-Blättern, die durch verkürzte Informationen das Interesse des Leserpublikums zu wecken suchen. Dabei werden in den Samstags-Schlagzeilen die Informationen vom Freitag dadurch verfestigt, dass sie nun wiederholend (anaphorisch) aufgegriffen werden. So setzt die Kennzeichnung **Räuberbraut noch immer verstockt** voraus, dass die Bezugsperson (Katharina Blum) und ihre Verstocktheit bereits erwähnt wurden; auch die bloße Namensnennung Göttens setzt Informationen über ihn voraus. Die Polizei jedoch bedarf als eine bekannte Institution keiner Wiederholungsangabe; ihre Nennung könnte auch eine Erstinformation (kataphorische Angabe) sein[20]. Der Satzbau des ersten Berichts über Katharina (in der Freitags-ZEITUNG), den der Autor nur teilweise wiedergibt (es fehlen die wörtlichen Aussagen Dr. Blornas), ist allerdings anfangs komplexer als sonst in Boulevardblättern üblich[21]. So folgen hier Sätze, bzw. Satzgefüge von 29, 15, 9, 6, 5, 30, 8, 9, 15, 9, 3, 4, 2, 6, 6 Wörtern, was sich wohl aus der notwendigen Häufung von Anfangsinformationen im ersten Bericht erklären lässt.

4.4 Die Wirkung der ZEITUNG

Über die Wirkung der gegen Katharina Blum gerichteten Artikel der ZEITUNG bzw. SONNTAGSZEITUNG erfahren wir nur etwas in der Reaktion der eingeführten Personen. Dabei lassen sich leicht zwei Gruppen von Leserreaktionen ermitteln: zum einen diejenigen, die sich über diese Art der Berichterstattung betroffen und entsetzt zeigen und sie ablehnen, zum anderen diejenigen, die die hier gebotenen Informationen als solche ernst nehmen und darauf reagieren, indem sie Katharina verunglimpfen.

Zur ersten Gruppe gehören verständlicherweise Katharina Blum selbst, die Blornas, Frau Woltersheim und ihr Freund Konrad Beiters. Selbst bei dem Kriminaloberkommissar Moeding, der Katharina am Donnerstagabend, als er sie nach Hause brachte, warnte am Freitag in die Zeitung zu sehen (20, S. 34), kann man eine Ablehnung des Boulevardjournalismus vermuten. Alle hier Genannten der ersten Gruppe stimmen in der Ablehnung der ZEITUNG überein, da sie deren Verleumdungen Katharinas (später auch ihrer *Anhänger*) erkennen und voller Empörung und Wut ablehnen (wobei Blornas Wut [38, S. 88; 49, S. 118] übertrieben dargestellt wird).

Bei der zweiten Lesergruppe erreicht die ZEITUNG die beabsichtigte Wirkung der Sensationalisierung, Verunglimpfung und Diskriminierung Katharinas. Zu dieser Gruppe gehören zunächst diejenigen Hausbewohner, Anrufer und Briefschreiber, die die Verleumdungen Katharinas als **Räuberliebchen, Mörderbraut** und Kommunistentochter zum Anlass nehmen ihr unsittliche Angebote und Forderungen und übelste Beschimpfungen zu übermitteln. Aber auch jene Einwohner ihrer Heimatgemeinde Gemmelsbroich, ihr einstiger Ehemann, dessen Vereinskollegen und der Pfarrer, zählen hierzu, die diese durch die ZEITUNGs-Reporter übermittelten Anschuldigungen Katharinas für wahr halten und sich entsprechend von ihr distanzieren. Schließlich sind auch jene Nebenfiguren zu nennen, die in irgendeiner beiläufigen Weise die Berichte der ZEITUNG ernst nehmen, der Taxifahrer z. B., der die Blornas nach Hause fährt und sie als Anwalt und Arbeitgeber **von diesem Nüttchen bezeichnet** (23, S. 40). Dass die Zahl der derartig in ihrer Meinung über sie negativ Beeinflussten groß war, musste Katharina der Äußerung des Café-Besitzers Kloog entnehmen, der zu ihr sagte: **Nicht alle hier denken schlecht von dir** (45, S. 110). Dass andererseits Berichte über die Beurteilung Katharinas durch den Journalisten Tötges verfälscht worden waren, zeigt die Äußerung der todkranken Mutter Katharinas: **Warum mußte das so enden, warum mußte es so kommen,** die Tötges umformt in: **So mußte es ja kommen, so mußte es ja enden** (42, S. 103).

4.5 Die Rolle der ZEITUNG in der Gesellschaft

Besonders aufschlussreich für die Rolle der ZEITUNG in der dargestellten Gesellschaft der *Katharina Blum* ist die Szene, in der die Polizeiassistentin Renate Zündach, um Katharina von der ständigen Lektüre der ZEITUNGs-Artikel über sie abzulenken, ihr fünfzehn verschiedene Zeitungsausschnitte anderer Zeitungen vorlegt und sie nur reagiert: **Wer liest das schon? Alle Leute, die ich kenne, lesen die ZEITUNG** (27, S. 61).

Die ZEITUNG erweist sich somit als Massenblatt mit der größten Verbreitung. Da es als Boulevardzeitung (u. a. durch Zeitungskästen vertrieben, vgl. 37, S. 82), darauf angewiesen ist durch möglichst aktuelle Sensationsberichte besonders viele Leser zu gewinnen, gehören die sensationelle Aufbauschung und Aufmachung selbst verhältnismäßig unbedeutender Berichte zu den publizistischen und ökonomischen Voraussetzungen des Verkaufserfolgs. Die Gefahr einseitiger und verleumderischer Berichterstattung ist dabei vorprogrammiert. Durch die Häufung zumeist negativer Sensationsmeldungen kann so ein Bild einer verunsicherten, chaotischen Gesellschaft entstehen. Die Boulevardpresse verbindet damit allerdings kaum gesellschaftskritische und reformerische Reflexionen, äußert allenfalls nur affirmative Anmerkungen, die auf eine Sicherung der bestehenden Gesellschaftsordnung hinauslaufen.

Auch in Bölls *Katharina Blum* nimmt die ZEITUNG diese Aufgabe wahr, Verbrechen und Liebe zu einem *Verbrecher* einer scheinbar geordneten Gesellschaft kontrastiv gegenüberzustellen. Da über Ludwig Götten, der hier, auf eine Vermutung der Polizei hin, zum Verbrecher (**Bandit und Mörder** 22, S. 36) abgestempelt wird, wenig bekannt ist, konzentriert sich die Pressekampagne der ZEITUNG umso mehr auf seine Gefühle zu Katharina Blum. Ohne jeden Beweis, ja wider besseres Wissen, werden ihr von der ZEITUNG die verschiedensten Verbrechen (Fluchtvereitelung, Teilnahme an einer Verschwörung, Beteiligung an der Beute eines Bankraubes, Waffenbesitz) angehängt. Als Kontrast wird die dörfliche Welt ihres einstigen Pfarrers und des geschiedenen Ehemanns, der als redlich und bieder und nach bescheidenem Glück strebend charakterisiert wird und so der erfundenen Verbrecherwelt Katharinas widerspricht, entgegengesetzt.

Die ZEITUNG begnügt sich allerdings nicht mit dieser Kontrastierung. Indem sie Katharinas angebliche moralische Verworfenheit durch Wilhelm Brettloh als Folge sozialistischer **Vorstellungen** auslegen lässt und durch den Pfarrer von Gemmelsbroich als Resultat der Einflüsse des Vaters, eines **verkappten Kommunisten** (22, S. 36), wird zugleich ein politisch-ideologischer Hintergrund der Geschehnisse geschaffen und als zusätzliche Erklärung herangezogen. Mit der Assoziierung linksradikaler Gedanken, selbst wenn sie zunächst nur durch die naivsten **Gewährsleute,** den Pfarrer und den geschiedenen Ehemann Katharinas, geäußert werden, schafft die ZEITUNG eine Verknüpfung mit angeblichen linksgerichteten Einstellungen der Blornas, der früher als **rote Trude** bezeichneten Architektin Dr. Trude Blorna und des sich mitunter als **links** bezeichnenden Industrieanwalts Dr. Hubert Blorna. Sie werden von der ZEITUNG durch rhetorische Fragen und Verleumdungen als Nächste in ein verbrecherisches Komplott um Katharina einbezogen.

Die Verlagerung des Umfeldes Katharina Blums in die *linke Szene* bedingt zugleich Assoziationen zum linksradikalen Terrorismus der 70er-Jahre, mit dem Heinrich Böll nach seinem *Spiegel*-Artikel vom Januar 1972 wiederholt in Verbindung gebracht worden war. Bölls Erzählung erhielt so indirekt eine zeitgeschichtliche Färbung. Die ZEITUNG wird auf diese Weise zum Sprecher des latenten oder offenen Anti-Kommunismus der konservativen und antisozialistischen Kreise in der dargestellten Gesellschaft. Die bisher unbescholtene Katharina Blum wird von diesen Kreisen ebenso diskriminiert wie Böll selbst nach Veröffentlichung des besagten *Spiegel*-Artikels.

Der gesellschaftlich affirmativen Haltung der ZEITUNG entspricht auch ihre Tendenz die Machtpositionen der Besitzenden nicht anzutasten. So wird beispielsweise die Person des Industriellen Sträubleder (dessen Name verschwiegen wird), obwohl er sich durch seine Nachstellungen Katharinas (als der **Herrenbesuch**) und seine Geschenke und Einladungen an sie kompromittiert hat und deshalb in Sorge ist entlarvt zu werden, von der Zeitung – in Umkehrung der Realität – als **ehrenwerter Mensch** herausgestellt (47, S. 114), dessen **Familienglück und seine politische Karriere** Katharina durch Nachstellungen ihrerseits gefährdet habe. Dass an Stelle Sträubleders dessen Anwalt Dr. Blorna von der ZEITUNG denunziert und diskriminiert wird, entspricht der gleichen Strategie die tatsächlichen Machtverhältnisse in der Gesellschaft nicht anzutasten.

4.6 ZEITUNG und »Bild«-Zeitung

BÖLL hat bekanntlich seiner Erzählung *KATHARINA BLUM* folgende salvatorische Klausel vorangesetzt:

Personen und Handlung dieser Erzählung sind frei erfunden. Sollten sich bei der Schilderung gewisser journalistischer Praktiken Ähnlichkeiten mit den Praktiken der *Bild*-Zeitung ergeben haben, so sind diese Ähnlichkeiten weder beabsichtigt noch zufällig, sondern unvermeidlich.

Diese Kennzeichnung von Ähnlichkeiten zwischen journalistischen Praktiken in *KATHARINA BLUM* und der ***Bild***-Zeitung als **unvermeidlich** bedarf der Erläuterung. Eine Erklärung, wonach Personen und Handlung eines literarischen Textes frei erfunden und Ähnlichkeiten mit lebenden Personen oder Zuständen zufällig, also nicht beabsichtigt sind, dient üblicherweise der juristischen Absicherung vor möglichen Verleumdungsklagen o. Ä. BÖLL schließt allerdings durch seine Formulierung auch die Zufälligkeit solcher Ähnlichkeiten aus und betont vielmehr deren Unvermeidlichkeit, d. h. notwendige Konsequenz aus der von ihm dargestellten verleumderischen Praxis der ZEITUNG, die sich wiederum am Muster der ***Bild***-Zeitung orientierte. Da diese literarische Darstellung der subjektiven Wirklichkeitsgestaltung des Autors entsprang, handelt es sich also doch um beabsichtigte Ähnlichkeiten. Wie schon erwähnt, hatte BÖLL in seinem ***Spiegel***-Artikel vom Januar 1972 die Darstellungsweise der ***Bild***-Zeitung als **nackten Faschismus, Verhetzung, Lüge und Dreck** bezeichnet (vgl. Kap. 1.1.2). Die Charakterisierung der ZEITUNGs-Berichte als **Dreck** taucht auch in den Äußerungen des Dr. Blorna auf, wenn er über **diesen Dreck, diesen verfluchten Dreck** spricht, **der einen über die ganze Welt hin verfolgt** (38, S. 84).

Die negative Bewertung beider Boulevardblätter setzt zunächst eine Übereinstimmung im Inhalt und in der Methode der Berichterstattung voraus. Wie in ***Bild,*** so wird auch in der ZEITUNG das Geschehen weitgehend personengebunden dargestellt und kommentiert (Personalisierung). Hier wie dort arbeitet man mit Schwarz-Zeichnungen und gegensätzlichen Darstellungen (Kontrastierung), vertritt man ein unkritisch affirmatives Gesellschaftsbild, das dominierende gesellschaftliche Stimmungen und Vorurteile aufgreift und tendenziös zu verstärken sucht (wie z. B. den Antikommunismus und die Hetze gegen Linksintellektuelle in der ZEITUNG wie in der Springer-Presse der 70er-Jahre).

Übereinstimmungen zwischen ZEITUNG und ***Bild***-Zeitung finden sich auch im Lay-out und in der Vertriebsweise (Zeitungskästen) der beiden Boulevardblätter. Hier wie dort werden sensationell zurechtgestutzte Kurzmitteilungen in riesigen Schlagzeilen auf der Titelseite angekündigt und auf der Schlussseite fortgesetzt. Auch die Ausstattung der Berichte mit Bildern scheint – den Angaben in *Katharina Blum* entsprechend – übereinzustimmen. Ein Unterschied ergibt sich nur insofern, als Bölls Text nur (fiktive) Auszüge aus der ZEITUNG bietet, während in ***Bild*** derartige Berichte im Kontext anderer, ähnlicher Texte erscheinen.

5 Thematische Probleme des Textes

5.1 Die Problematik von Gewalt und Recht in Bölls Erzählung

Heinrich Böll hat bekanntlich den Titel seiner Erzählung über Katharina Blum durch den Zusatz **Oder: Wie Gewalt entstehen und wohin sie führen kann** erweitert und damit der Darstellung einer Frauengestalt und ihrer schicksalhaften Entwicklung zur Straftäterin, wie sie im ersten Teil des Titels (*Die verlorene Ehre der Katharina Blum*) angedeutet wird, als Verstehenshilfe einen Hinweis auf eine gedankliche Problematik zugefügt, mit der sich der Leser über das stoffliche Erfassen des Textes hinaus beschäftigen sollte. Es erscheint daher sinnvoll, die Erörterung dieser gedanklichen Problematik in der hier gebotenen Kürze in die Textinterpretation einzubeziehen.

Dabei ist zu berücksichtigen, dass in der modernen Gesellschaft, wie sie Böll in seiner Erzählung voraussetzt, die Macht und die von ihr ausgehende Gewalt in unterschiedlichem Maße und nach verschiedenen Graden abgestuft verteilt sind.

Hier ist zu unterscheiden zwischen den verschiedenen Formen staatlicher Macht wie auch der wirtschaftlichen Macht sowie zwischen der Macht der Presse und der der öffentlichen Meinung; den geringsten Anteil an Macht und Gewalt haben die Einzelpersonen, soweit sie nicht Gewalt über die vorgenannten Machtbereiche ausüben.

5.1.1 Allgemeine Überlegungen zu Macht, Gewalt und Recht

Wenn Böll im zweiten Titel von *Katharina Blum* (Oder: *Wie Gewalt entstehen und wohin sie führen kann*) den Begriff der Gewalt in einen Kausalbezug und einen Finalbezug setzt, so zeigt er zugleich, dass er damit einen politischen Begriff in seinen Wirkungszusammenhängen verdeutlichen will. Der Leser soll das Schicksal der Katharina Blum nicht nur als Schicksal eines Individuums verstehen, sondern auch abstrakter in seiner politischen Dimension begreifen. Er wird so auf die verschiedenen Existenzbedingungen und Auswirkungen von Gewalt verwiesen. Zur Verdeutlichung kann dabei die Gewaltproblematik in der Staatstheorie und politischen Philosophie des 17. und 18. Jhs. herangezogen werden: zunächst die Auffassung der absolutistischen Staatstheorie mit der absoluten Macht des Souveräns und der Machtlosigkeit des Individuums, wie sie etwa Thomas Hobbes (1588–1679) vertrat, und im Gegensatz dazu die stärker demokratisch geprägte Auffassung vom Staat als

Vertragsresultat ursprünglich freier Bürger, wie sie etwa bei Jean Jacques Rousseau (1712–1778) zu finden ist. Die dann notwendige Teilung der staatlichen Gesamtgewalt in eine gesetzgebende (legislative), ausübende (exekutive) und Recht sprechende (judikative) wird nach Ansätzen bei John Locke (1632–1704) erst durch Charles Montesquieu (1689–1755) publiziert. Nach der ersten Staatsgründung nach diesen Prinzipien in den Vereinigten Staaten von Amerika 1776 traten zwei weitere Prinzipien hinzu: die Fixierung der Menschenrechte als Grundlagen jeder staatlichen Rechtsprechung und das Prinzip weitgehender Öffentlichkeit und Kontrollmöglichkeit politischer Vorgänge, was eine Pressefreiheit voraussetzt und die Presse zu einer Art *vierter Gewalt* im Staat erhebt.

In Bölls *Katharina Blum* werden diese politisch-historischen Aspekte natürlich nicht unmittelbar sichtbar und wirksam, allenfalls im Versagen von Staat und Presse und exekutiver Gewalt und somit in der Abkehr von diesen einst errungenen bürgerlichen Fortschritten evoziert.

In den späten 60er-Jahren und in der Entstehungszeit dieser Erzählung kam allerdings eine neue Diskussion um die Formen und Auswirkungen von Gewalt auf, die Bölls Titel und die Thematik seiner Erzählung beeinflusst haben kann.

Der Gewaltgedanke spielte nämlich in der ideologischen Legitimitätsdiskussion der APO und der ihr folgenden studentischen und linksintellektuellen Bewegung am Ende der 60er-Jahre und in den frühen 70er-Jahren, also in der Entstehungszeit der Erzählung Bölls, eine große Rolle. Unter dem Einfluss der verschiedensten modernen Revolutions- und Konflikttheorien (von Mao-Tse-Tung bis Che Guevara und Camillo Torres und von Herbert Marcuse bis Ralf Dahrendorf) kursierten damals unterschiedliche Theoreme zur Rechtfertigung des Gebrauchs von Gewalt gegen Sachen, Institutionen und Menschen bei Protestaktionen und Widerstandsgruppen (von denen in der Illegalität operierende Terrorgruppen wie die RAF [Rote Armee Fraktion] Andreas Baaders und Ulrike Meinhofs in der Folgezeit noch eine traurige Berühmtheit erlangten).

Besonders die Auffassung des amerikanischen Soziologen Herbert Marcuse von der *repressiven Gewalt* vorhandener Institutionen des Establishments, die in ihrem Bestreben nach Sicherung des Status quo zu Ungerechtigkeit und zur Unterdrückung berechtigter Freiheitsbestrebungen führten und nur durch *progressive Gewalt* aufgebrochen und verändert werden könnten, war damals verhältnismäßig populär. Auch die in der damaligen strafrechtlichen Diskussion aufgekommene Behauptung von der **Strukturmilitanz als (direkter) Ursache von Individualgewalt**[22] ist in diesem Zusammenhang zu sehen.

In der Friedensforschung hat sich eine andere Dimension des Gewaltbegriffs durchgesetzt, die auf den norwegischen Friedensforscher Johan Galtung zurückgeht[23]: die Differenzierung nach personaler oder direkter und struktureller oder indirekter Gewalt, wobei er Gewalt dann als gegeben sieht, **wenn Menschen so beeinflußt werden, daß ihre aktuelle somatische und geistige Verwirklichung geringer ist als ihre potentielle Verwirklichung**, also nicht nur durch physische Beschädigungen oder Bedrohungen, sondern auch durch psychische Einflussnahmen, die den Beeinflussten unfreiwillig im Handeln beeinträchtigen. Als strukturelle Gewalt werden alle Zwänge verstanden, die in das System eingebaut sind und sich in ungleichen Machtverhältnissen und folglich in ungleichen Lebenschancen äußern, wobei – jeweils modifiziert – stets drei Faktoren vorhanden sind: **etwas, das beeinflußt, etwas, das beeinflußt wird, und eine praktische Methode der Einflußnahme.** Presseorgane können so ein bevorzugtes Instrument struktureller Gewalt sein.

5.1.2 Die Auswirkung staatlicher Macht in der Erzählung

In *Katharina Blum* begegnen wir der Macht des Staates in den Gewaltmaßnahmen der Kriminalpolizei als einem Teil der strukturellen Gewalt, die hier im Auftrag der exekutiven Gewalt, der Justizbehörden tätig ist (vertreten durch die Staatsanwälte und Kriminalbeamten), die wiederum mit der judikativen Gewalt zusammenarbeiten.

Aufgabe der Polizei ist es hier, auf die Einhaltung des Rechts und der Gesetze zu achten und Bedrohungen der Bürger durch Gesetzesbrecher (Kriminelle) abzuwehren. Die Polizei handelt auch im Rahmen ihres gesetzlichen Auftrags, wenn sie Tatverdächtige verfolgt und nach Möglichkeit ihrer Schuld überführt, wobei allerdings keine verfrühten öffentlichen Schuldzuweisungen erfolgen dürfen und auf die Verhältnismäßigkeit der angewendeten Mittel zu achten ist. Die Polizei war insofern berechtigt und gehalten Ludwig Götten als Tatverdächtigen zu verfolgen, nicht jedoch ihn öffentlich bereits als Räuber, Mörder und Banditen zu bezeichnen.

Auch die Festnahme Katharinas zum Zweck des Verhörs war gesetzlich zulässig, zumal sie sich – auch nach dem Urteil Dr. Blornas wie auch der *Tante* Woltersheim (26, S. 58 f.) – durch die Fluchthilfe für Götten strafbar gemacht (nach § 258 StGB: Strafvereitlung) und sich des Verdachts der Mitwisserschaft an Verbrechen ausgesetzt hatte. Dass die durch Katharinas Verhalten verursachte **Fahndungspanne** den damit beschäftigten Kriminalhauptkommissar Beizmenne besonders verärgert haben muss, erklärt dessen überzogene Härte bei der Festnahme Katharinas wie auch zeitweise während des Verhörs.

Selbst die Informierung der Presse über die Festnahme Katharinas bewegt sich im Rahmen der Informationspflicht der Polizei gegenüber der Presse, wobei jedoch offen bleibt, ob die Presseverlautbarungen oder evtl. sonstigen Äußerungen der Polizei bereits Anlass zu den Verleumdungen Katharinas in der ZEITUNG boten. Dass es bei dieser Information an die Presse um Ermessensentscheidungen ging, bei denen das öffentliche Interesse und der notwendige Persönlichkeitsschutz des Einzelnen durch den Staat (um den Katharina [27, S. 60] und auch Frau Woltersheim [28, S. 62 ff.] vergeblich nachgesucht hatten) gegeneinander abzuwägen waren, wird trotz der Zurückweisungen der entsprechenden Beschwerden Katharinas und der Frau Woltersheim durch die Staatsanwälte und ihres Verweises auf den Weg der Zivilklage erkennbar. (Der gute Ruf eines Menschen wird zudem nicht nur durch § 824 BGB, sondern weit entschiedener durch §§ 185–187 und § 192 StGB geschützt, deren Verletzung nach Anzeige durch die Justizbehörde zu verfolgen wären). Die Rechtsposition Katharinas wird so durch die Staatsanwälte nicht hinlänglich korrekt erläutert.

5.1.3 Macht und Gewalt der Presse in der Erzählung

Im Unterschied zur philosophischen und naturrechtlich begründbaren Existenz des Staates ist die Existenz der Presse privatrechtlicher Natur, wenn auch durch allgemeine und öffentliche Interessen gerechtfertigt. Die Notwendigkeit der Presse (die auch als *vierte Gewalt* in demokratischen Staaten bezeichnet wird) kann aus dem in modernen Demokratien gesetzlich anerkannten Recht des Einzelnen auf Meinungs- und Orientierungsfreiheit abgeleitet werden. Der Verkauf von Informationen ist jedoch ein wirtschaftlicher Vorgang wie jeder andere. Indem jedes Presseorgan aufgrund der allgemeinen Meinungsfreiheit auch über jede Person je nach Wahrheitslage positiv oder negativ berichten kann, vermag es auch zu einer Gewalt gegen jedermann zu werden. So wird Katharina Blum, die bis dahin eine unbekannte, fleißige und strebsame allein stehende Frau war, durch die Berichte der ZEITUNG und SONNTAGSZEITUNG über sie ins Licht der Öffentlichkeit gezerrt und, ohne dass sie sich dagegen wehren kann nicht nur als Komplizin eines angeblichen Räubers, Mörders und Banditen beschuldigt, sondern darüber hinaus in übelster Weise verleumdet. Die Darstellung dieser Zeitungen ist darauf aus, Katharina moralisch zu ächten und so gesellschaftlich zur *Unperson* zu erklären und aus der Gemeinschaft der (vorgeblich) *korrekten* Normalbürger auszugrenzen.

Die ZEITUNG übt so in der Bloßstellung Katharinas auf diese einen psychischen Druck und gegenüber der Gesellschaft eine angebliche Informationspflicht und Schutzfunktion, ja sogar eine Art richtende Gewalt aus (S. 40: **DER ZEITUNG, stets bemüht, Sie umfassend zu informieren, ist es gelungen** [...]; S. 37: **DIE ZEITUNG BLEIBT WIE IMMER AM BALL!**; S. 114: **DIE ZEITUNG erhebt zum wiederholten Male die Frage: Sind unsere Vernehmungsmethoden nicht doch zu weich?**).

Unter rechtlichem Aspekt kann das Vorgehen der ZEITUNG allerdings nicht einfach als strafwürdig verurteilt werden. Nach § 823 BGB in Verbindung mit §§ 185–187 und § 192 StGB sind zutreffende Äußerungen tatsächlichen Inhalts über einen anderen zulässig, ebenso wie Meinungsäußerungen, es sei denn, es handelt sich dabei nach Inhalt, Form oder sonstigen Umständen um eine Kränkung[24]. Problematischer wird es bei später als unwahr oder nicht als Wahrheit erwiesenen Tatsachenbehauptungen, die ehrverletzend sein können. Hierbei kann nämlich ein Journalist gemäß § 193 StGB als Rechtfertigungsgrund das in der Regel vom Bundesgerichtshof bisher als überwiegend schutzwürdig eingestufte berechtigte Interesse der Information der Öffentlichkeit anführen. In Fällen bewusster oder fahrlässiger Rufschädigung und Ehrabschneidung, besonders der Verleumdung, kann dann der Geschädigte zwar ein **Schmerzensgeld** als Entschädigung sowie eine journalistische Richtigstellung verlangen[25], der ideelle Schaden ist aber oft kaum noch zu entgelten. Geschädigte können sich zwar außer auf die schon genannten §§ auch auf Art. 1 u. 2 des Grundgesetzes berufen, die die Menschenwürde des Bürgers als unantastbar erklären und die freie Entfaltung der Persönlichkeit garantieren, ein spezieller **Ehrenschutz** ist aber gesetzlich nicht geregelt[26]. Ein entsprechender Gesetzentwurf der Bundesregierung von 1959 scheiterte am massiven publizistischen Widerstand des Deutschen Presserates, der Dachorganisation aller Journalisten und Zeitungen, die diesen Gesetzentwurf als *lex Soraya* (nach der damals in Illustrierten u. Ä. oft abgebildeten und besprochenen ersten Frau des Schahs von Persien) verunglimpfte, sich jedoch zu einer Art Selbstkontrolle eines Ehrenschutzes verpflichtete.

Die ***Bild***-Zeitung hat allerdings wiederholt gegen die Bestimmungen dieser journalistischen Grundsätze[27] verstoßen und wurde deshalb vom Deutschen Presserat öffentlich gerügt. Findige Journalisten gehen daher oft bis an die Grenze des gerade noch Erlaubten, das von dem journalistisch *Aufgespießten* meistens schon als ehrverletzend und kränkend empfunden wird.

Auch das Vorgehen des Journalisten Tötges in der ZEITUNG bewegt sich auf der Grenze zwischen erlaubter und unerlaubter Berichterstattung und Kommentierung. Indem er z. B. seine unwahren Folgerungen über Katharinas vorgeblichen Bankraubanteil oder über ein Konspirationszentrum in ihrer Wohnung in rhetorische Fragen kleidet oder andere als vorgebliche Zeugen unwahre Behauptungen vortragen lässt, entzieht er sich stilistisch der persönlichen Verantwortung für das so Behauptete.

Wenn es demnach schwierig oder zumindest langwierig sein dürfte, Tötges juristisch zur Rechenschaft zu ziehen und zu verurteilen, so muss er sich jedoch dem moralischen Urteil der Leser stellen.

Dabei erweist er sich allerdings als gewissenloser, gerissener und schmieriger Sensationsjournalist, der ohne Rücksicht auf die Gefühle und Empfindungen der von ihm bloßgestellten Personen lediglich einen journalistischen Erfolg im Auge hat. Indem er so durch angebliche Enthüllungen, durch Verdrehungen und Verleumdungen Menschen psychisch kränkt oder sogar zugrunde richtet, macht er in unverantwortlicher Weise von der Macht Gebrauch, die der Presse in unserer Gesellschaft verliehen ist.

5.1.4 Macht und Gewalt des Kapitals in der Erzählung

Heinrich Böll sprach am 12. 10. 1972 als Gastredner auf dem SPD-Parteitag in Dortmund über das Thema **Gewalten, die auf der Bank liegen.**[28] Er meinte damit zunächst **die massive publizistische Gewalt einiger Pressekonzerne, die in erbarmungsloser Stimmungsmache die Arbeit** [der sozialliberalen Koalition, B. S.] **erschwert und Verleumdung nicht gescheut hat.** Im weiteren Sinne versteht Böll hierunter jedoch auch die Kreise der Wirtschaft und des Kapitals, die durch ihre Anzeigen die Presse mitfinanzieren und mitbestimmen. Die Ausführungen zeigen, wie sehr Böll auch die Gewalt erkannte, die von der wirtschaftlichen und finanziellen Macht der Großfirmen und Konzerne ausgehen kann. In *Katharina Blum* hat er diese Einflussnahme am Beispiel der Figuren Sträubleder und Lüding verdeutlicht, insbesondere in jener Szene, als Sträubleder Blorna gegenüber betont, dass Lüding die ZEITUNG **in der Hand** habe und dass **die Herrenbesuchstheorie fallengelassen und weder Schmuck noch Brief** [...] **Schwierigkeiten bereiten** werden (40, S. 91). Der Erzähler unterstreicht dies, indem er Lüding die telefonische Weisung **Sofort S. ganz raus, aber B. ganz rein!** an die ZEITUNG zuordnet (41, S. 98) und damit sowohl Katharina als auch Blorna der Gewalt in der Hetzkampagne der ZEITUNG ausliefert.

5.1.5 Macht und Gewalt der ›öffentlichen Meinung‹ in der Erzählung

Ergänzend zur Macht und Gewalt von Staat und Presse ist die Rolle der öffentlichen Meinung in ihrer Gewaltausübung zu sehen. Sie ist zu einem großen Teil von der Darstellung und Wertung der Geschehnisse durch die Justizbehörden und die Presse abhängig, wird zusätzlich aber auch durch latent vorhandene Vorurteile und Animositäten gesteuert. In BÖLLS Erzählung sind es die Hausbewohner, die bei Katharinas Festnahme zusehen und ihr teilweise anonyme Beleidigungen und Bedrohungen zukommen lassen; es sind Leser der ZEITUNG, wie etwa der Taxifahrer der Blornas (23, S. 40). Indem diese Menschen das in der ZEITUNG vermittelte Aggressionspotential aufgreifen und in Verunglimpfungen in Briefen und Telefonaten gegen Katharina richten, stellen sie auch eine Gewalt dar, die Gegengewalt provozieren kann.

5.1.6 *Katharinas Rechtsposition und subjektive Gewalt*

Der vierfachen Erscheinungsweise von Macht und Gewalt, die sich mehr oder weniger gegen Katharina richtet, kann sie zunächst nur ihre Rechtsposition entgegensetzen. Diese beruht auf dem subjektiven Rechtsbewusstsein sowie auf objektiven Rechten, die ihr als Staatsbürgerin zustehen. Ihr subjektives Rechtsbewusstsein, das für ihre Ausgangssituation wie auch für die Folgeentwicklung bedeutsam ist, geht davon aus, dass sie nichts Unrechtes getan hat (auch in der Fluchthilfe für Götten und im Schweigen über Sträubleder), dass man ihr aber vom Zeitpunkt ihrer polizeilichen Festnahme an ständig Unrecht zufügt und dass sie schließlich gegen die ihr zugefügte Gewalt mit Gegengewalt antworten muss. Im Falle der Fluchthilfe für Ludwig Götten mag Katharina der Ansicht sein, dass aufgrund ihrer Liebesbegegnung mit ihm eine familienähnliche Beziehung entstanden ist, die ihr hier das Recht der Aussageverweigerung einräumen würde. Sträubleder scheint sie deshalb zu schützen, weil sie ihn nicht dem öffentlichen Gerede und sich nicht den Zweifeln Beizmennes preisgeben will (vgl. 44, S. 108).

Als Staatsbürgerin steht Katharina der Schutz der Gesetze zu. Das sind hier zunächst die bereits genannten §§ 185–187 und 192 StGB und § 823 BGB, die eine Art **Ehrenschutz** der Bürger regeln (vgl. aber Kap. 5.1.3 und Anm. 24), im Falle Katharinas aber von den Justizbehörden (Staatsanwälten) ignoriert werden. Außerdem kann sich Katharina auf die Art. 1 und 2 des Grundgesetzes der Bundesrepublik Deutschland berufen, die ein Teil der Menschenrechte (Grundrechte) sind und die Wahrung der Menschenwürde sowie der freien Entfaltung des Einzelnen verpflichtend machen. Katharinas strafrechtliche Verfehlung, die Fluchthilfe für Götten, die aufgrund der Unkenntnis über Göttens Straftaten von ihr kaum als Verbrechen, vielleicht eher als ein Vergehen angesehen werden mag[29], enthebt sie nicht dieses gesetzlichen Schutzes. Dieser Schutz bleibt ihr jedoch versagt.

Indem BÖLL aufzeigt, wie Justizbehörden und Presse diesen Schutz des guten Rufes und der Menschenwürde Katharinas vernachlässigen und verletzen, demonstriert er hier wie auch in anderen Texten (vgl. z. B. in seinem *Spiegel*-Artikel, s. o.), auch aufgrund eigener Erfahrungen, zu welchen hysterischen Fehlhaltungen maßgebliche staatliche wie publizistische Kräfte angesichts terroristischer Drohungen fähig waren. BÖLLS Erzählung war insofern nicht nur eine Abrechnung mit der Springer-Presse in der jüngsten Vergangenheit, sondern zugleich ein Aufzeigen möglicher zukünftiger Gefahren, in die zunächst unbescholtene Bürger geraten konnten.

5.1.7 »Wie Gewalt entstehen und wohin sie führen kann«

Als Resultat der vorstehenden Erläuterungen kann man Folgendes festhalten: Gewalt als Ausfluss der vermeintlichen oder tatsächlichen Macht einzelner Individuen, Gruppen, Institutionen, Völker und Staaten über andere existiert seit Menschengedenken in verschiedenen Formen. In der demokratischen bürgerlichen Gesellschaft erweist sich Gewalt als notwendig und erlaubt, soweit sie im Rahmen von Gesetzen ausgeübt und demokratisch kontrolliert und nicht zum Unrecht gegen andere wird. In der Bundesrepublik Deutschland rangieren die **Grundrechte der Bürger** (GG 1–19), soweit sie im Rahmen verfassungsmäßiger Ordnung, d. h. der Gesetze, des Sittengesetzes und unter Berücksichtigung der Rechte der Mitbürger ausgeübt werden, vor allen anderen Verfassungsbestimmungen und Gesetzen.

In BÖLLS *KATHARINA BLUM* begegnet uns Gewalt in Form polizeilicher Zugriffe auf bestimmte Personen, journalistischer Informationen und Verleumdungen über solche Personen, wirtschaftlicher Abhängigkeiten und wirtschaftlichen Drucks, auch in Form von Vorurteilen und Verunglimpfungen durch Einzelne gegen Einzelne. BÖLLS Titelzusatz *WIE GEWALT ENTSTEHEN UND WOHIN SIE FÜHREN KANN* bezieht sich wohl weniger auf diese allgemeinen Erscheinungen von Gewalt als vielmehr auf deren konkrete Auswirkungen in *KATHARINA BLUM*, also auf sich steigernde unrechte Gewalt, die schließlich in der Ermordung eines Menschen eskaliert.

Dieser unrechte Gebrauch von Gewalt entsteht:

1. Im Bereich der Strafverfolgungsbehörden (Polizei, Justiz) dadurch, dass ein Mensch ohne klaren Nachweis bestimmter Kapitalverbrechen (Mord, Bankraub, Bandenbildung u. a.) öffentlich beschuldigt und verfolgt wird und dass diese Beschuldigungen und die Fahndungsergebnisse ohne Rücksicht auf ihren Wahrheitswert und auf die Menschenwürde der inkriminierten Personen an die Presse ver-

mittelt werden, ferner, dass dagegen die Menschenrechte der beschuldigten Personen ignoriert werden;

2. im Bereich der Presse insofern, als im Zusammenwirken von Polizei und Presse die polizeilichen Auskünfte ungeprüft übernommen und durch eigene Recherchen, Mutmaßungen und unwahre Behauptungen erweitert und verschärft werden, die nicht auf eine Entlastung, sondern auf weitere Belastungen abzielen, sodass schließlich das gesellschaftliche Ansehen (die *Ehre*) Einzelner (Katharina Blums z. B.) untergraben und zerstört wird;
3. beim Publikum der Boulevard-ZEITUNG, indem es deren Vorurteile und Verunglimpfungen Katharinas aufgreift und ein ihr gegenüber feindliches Verhalten demonstriert;
4. im Bereich der Wirtschaft, wenn hier seitens der wirtschaftlich Mächtigen Druck auf die Presse ausgeübt und eine bestimmte Presselenkung betrieben wird;
5. als Folge dieser Massierung von Gewalt gegen Katharina Blum ergibt sich schließlich, dass diese, als ihr im Recht keine Hilfe gegen diese Angriffe zuteil wird, selbst Gewalt ausübt, indem sie den sie bedrohenden Journalisten erschießt.

5.1.8 »Katharina Blum« – eine Aufforderung zur Gewalt?

Der einstige CDU-Fraktionsvorsitzende und spätere Bundespräsident (1879–1984) Prof. Dr. Carl Carstens hat im Dezember 1974, wenige Monate nach dem Erscheinen von *Katharina Blum*, diese Erzählung Bölls auf einer CDU-Kundgebung als Aufforderung zur Gewalt gedeutet.[30] In dieser Auffassung ist ihm zwar kaum jemand gefolgt; dennoch kann ein solches Missverstehen des Textes und der Intentionen Bölls nicht ausgeschlossen werden, zumal eine Identifikation mit Katharina, der Hauptfigur des Textes wie des Films, häufig mit der Text- oder Filmrezeption verbunden ist. J. Köster und K.-M. Bogdal[31] haben auf solche Identifikationen bei Schülern, die sich in ähnlichen Abwehrreaktionen gegen die verschiedenen Zwänge der Erwachsenenwelt befinden, hingewiesen. Wo aber jemand seine Situation mit der einer fiktiven Heldenfigur aus Literatur oder Film gleichsetzt, kann dies mitunter zu analogen Nachahmungshandlungen führen. Insofern scheint es sinnvoll, in einer literaturdidaktisch orientierten Interpretation auf die obige Titelfrage einzugehen.

Bereits der Zweittitel des Textes *(wie Gewalt entstehen und wohin sie führen kann)* ist eindeutig als Sprechakt der Erklärung und der Warnung, nicht aber der Aufforderung zu verstehen. Böll verdeutlicht hier am Schicksal Katharina Blums, wie unrechte Gewalt entsteht (vor allem in der ZEITUNGs-Hetze gegen Katharina) und einen Menschen zur psychischen Zerstörung führt, gegen die er sich schließlich mit einem Akt der Notwehr aufbäumt, indem er den Zerstörer vernichtet.

BÖLLS Absicht, die er sowohl im Text als auch in mehreren Interviews äußerte, war es, das Anwachsen einer unkontrollierten publizistischen Gewalt wie auch das Entstehen der subjektiven Gegengewalt aufzuzeigen. Wenn sich überhaupt eine Aufforderung zum Handeln aus BÖLLS Text ergeben kann, dann kann dieses nur in einem kritischeren Verhalten gegenüber dem Machtmissbrauch der Polizei, noch mehr aber der Boulevardpresse und der dahinter stehenden Profitorientierung bestehen.[32]

5.2 Idealität und Negativität in Bölls Erzählung

Nach dem Handlungsverlauf und der Gewaltzuordnung scheinen die positiven und negativen Handlungsrollen unter den Figuren klar verteilt zu sein, zumindest in der Zuordnung von Sympathie und Antipathie beim Leser- und noch stärker beim Filmpublikum. Katharina, obwohl sie schließlich einen Menschen tötet, erhält die meiste Sympathie, gefolgt von den Blornas und der Woltersheim, während auf der Gegenseite Tötges und Beizmenne die meiste Antipathie ernten.

BÖLL selbst hat allerdings wiederholt davor gewarnt, die Figur Katharinas überzubewerten oder zu idealisieren. Der Versuch dazu lag nahe, nachdem verschiedene Autoren die weibliche Hauptfigur in BÖLLS vorangehendem Werk *GRUPPENBILD MIT DAME* schon als *rheinische Madonna* oder *subversive Madonna* charakterisiert hatten. Im Interview mit Manfred Durzak (1975) erklärte BÖLL[33]:

> **Ich glaube, daß man die Katharina zu sehr in der ikonographischen Kategorie sieht. Sie ist keine Heilige. [...] Sie macht eine vollkommen gesellschaftskonforme Karriere. Sogar noch im Gefängnis spekuliert sie auf ein zukünftiges Leben mit ihrem Ludwig in vollkommenen konventionellen Kategorien. [...] Sie ist keine Heilige,und sie ist erst recht keine Heldin. Sie ist eine vollkommen konventionelle, konforme Person unserer, sagen wir, materialistischen Zeit. Sie ist in dem Sinne auch eine Materialistin.**

Obwohl BÖLL diese Konventionalität Katharinas betont und auch beim Leser **genug Sensibilität** voraussetzt **sich kritisch dieser Katharina zu nähern** (ebd.), die hier als **ziemlich prüde Person** mit **fast anankastischen** [zwanghaften] **Zügen** bezeichnet wird, räumt er (ebd. S. 329) ein, dass Katharinas Festhalten an Götten aufgrund der erotisch-sexuellen Liebesbindung eine **Verstrickung** und **Verschuldung im Sinne sogar der klassischen Tragödie** sei, zumal hier **ein mythischer Stoff, [...] reiner Mythos, das Ganze,** vorliege.

Mit dieser von BÖLL selbst festgestellten Nähe des Textes zur klassischen Tragödie rückt er Katharina in gewissem Sinn in die Tradition der tragischen Frauengestalten der deutschen Literatur (oder auch der Weltliteratur), die alle aus Liebe schuldig werden und ein tragisches Geschick erleiden, vom Gretchen in GOETHES *FAUST* über Evchen Humbrecht in WAGNERS *DIE KINDSMÖRDERIN,* Luise Millerin bei SCHILLER bis zu HAUPTMANNS *ROSE BERND* etwa. Gemeinsam ist diesen Frauengestalten aber auch die Dominanz positiver Eigenschaften bei gleichzeitig vorhandenen menschlichen Schwächen, im Sinne von LESSINGS *gemischtem Charakter* in der Tragödie, der in der Verbindung von Idealität und Negativität zur Anteilnahme (Sympathie) und Katharsis bei den bürgerlichen Zuschauern führen soll.

Dass Katharina Blum ebenso wie die genannten Frauenfiguren bürgerlicher Tragödien ein Ensemble bürgerlicher Tugenden im klassischen wie im modernen Sinne aufweisen kann, hat H. Fischer-Kesselmann in ihrer subtilen Analyse dieser **Imaginationsfigur** in Abgrenzung zur filmischen Vorstellung belegt[34]:

Sie ist eben nicht, wie der Text uns klarmachen will, oder aber nur sehr vordergründig, die junge hübsche Frau von nebenan, die ein tausendfach wiederkehrendes Allerweltsschicksal erleiden mußte, geschieden wurde und sich nun als Single emanzipiert, sondern eine Imaginationsfigur, das Bild einer Frau, das von der Literatur der Aufklärung und Klassik produziert und im industriellen Massenzeitalter des 19. und 20. Jahrhunderts vielfach literarisch kolportiert worden ist. […] Katharina ist sparsam, fleißig, tugendhaft, schön. Sie besitzt alle Fähigkeiten, die das Bürgertum seit seiner Klassenemanzipation entwickelt hat, und eine Leidens- und Liebesfähigkeit, eine Gefühlskultur, die in den Gesellschaften der Empfindsamkeit entwickelt wurde. Sie versinnbildlicht ein ästhetisch-sittliches Frauenideal, wie es z. B. Kant als unhistorische, anthropologisch-natürliche Grundsätzlichkeit beschrieben hat.

Betrachtet man auf diese Weise die weiteren Eigenschaften Katharinas, so stellt man zusätzliche Übereinstimmungen mit dem aufklärerisch-klassischen Frauenideal fest. Katharina besitzt die bei Kant hervorgehobene Standhaftigkeit, die sie gegenüber Zoten u. Ä. erröten lässt (vgl. 12, S. 19); sie ist als Wirtschafterin **Schaffnerin des Hauses**[35] und übt so einen der *Natur* der Frau angemessenen Beruf aus; im Sinne der **Ästhetik des Humanen,** wie sie BÖLL besonders 1964 in seinen *Frankfurter Vorlesungen* entwickelte, ist sie auf eine humane Kultur des Wohnens, des Essens, der Reinlichkeit und Ordnung bedacht und demonstriert, wie **Sprache, Liebe, Gebundenheit den Menschen zum Menschen machen, […] den Menschen zu sich selbst, zu andern, zu Gott in Beziehung setzen**[36].

Katharinas Attraktivität für Männer beruht in der **Bescheidenheit einer Art von edler Einfalt und Naivität** im Sinne Kants[37] (vgl. Winckelmanns Griechen-Ideal der *edlen Einfalt und stillen Größe,* das in der Weimarer Klassik weiter wirkte), ihrer **naturhaften Sittlichkeit, die durch keine Kultur und Zivilisation deformiert worden ist** [38], der **Unschuld,** vor der ein Mann wie Dr. Blorna **Respekt, fast Ehrfurcht** empfindet (vgl. 38, S. 87) und durch die **selbst die Schäbigkeit von Sträubleder, der auch seine Frau betrügt,** [...] **durch die hilflose Liebe zu Katharina noch einen Glanzstrahl** bekommt[39]. Katharina erfährt nach der gescheiterten Ehe mit Brettloh, in der sie nur Objekt seiner Zudringlichkeiten war (18, S. 30), in der Liebe zu Götten die Identität ihrer Natur mit ihrer Sittlichkeit, die in der Moralphilosophie der Aufklärung und Klassik betont wurde. Danach sei, wie H. Fischer-Kesselmann hervorhebt[40], auch die Befreiung der Frau aus der von Männern geprägten Unterdrückung in der Gesellschaft nicht in Intellektualität und Berufstätigkeit zu sehen, sondern in der **allgemeinen Wiederanerkennung der autonomen Sittlichkeit der Frau** und der damit zusammenhängenden **Erfüllung der Frau in ihrer naturhaften glück- und lebenspendenden Sinnlichkeit.**

Der hier skizzierten Idealität im Erscheinungsbild Katharinas stehen Elemente einer Negativität gegenüber, die sie schließlich objektiv schuldig werden lassen und die Gegenaktionen und ihren weiteren Niedergang einleiten. Gerade aus ihrer Liebe zu Götten erwächst ihre Schuld in der Fluchtbegünstigung bzw. Strafvereitelung (s. 5.1.6), die wiederum die Polizeiaktion und die Pressekampagne zur Folge hat.

Übersteigerter erscheint die Negativität auf der Gegenseite. Während bei Beizmenne dessen etwas zu energische Pflichterfüllung dominiert, die von Menschen verachtenden Ausrutschern, etwa in der ominösen groben Frage nach der Art der Liebeserfüllung (12, S. 19), durchbrochen wird, sich aber auch abschwächt (24, S. 44), ist dieser Menschen verachtende Zynismus gegen Katharina bei Tötges extrem gesteigert. Kommt Beizmenne nur eine Art Gegenspielerrolle zu, so erweist sich Tötges als der Schurke aus dem klassischen Drama, der den tödlichen Konflikt herbeiführt. Geht es ihm in BÖLLS Text allein um den journalistischen Erfolg, so wird in der Verfilmung noch stärker der kommerzielle Erfolg betont, für den Katharina als Objekt ausgebeutet werden soll.

Idealität und Negativität stehen sich so nicht einfach als Schwarz-Weiß-Zeichnung gegenüber.

5.3 Probleme der literarischen Wertung der Erzählung

Bölls *Katharina Blum* war nach ihrem Erscheinen in ihrem literarischen Wert nicht unumstritten; der Blick auf die Rezensionen (s. Kap. 7.1) macht dies augenfällig. Die Gegensätzlichkeit der dabei sichtbar gewordenen Einschätzungen der Böll-Erzählung zeigt allerdings auch, dass es in der Frage literarischer Wertung mitunter sehr schwierig ist, zu übereinstimmenden Urteilen zu kommen, da hierbei eine Vielzahl von Kriterien, die selbst wieder unterschiedlich bewertet werden können, zu berücksichtigen ist. Die ständig anwachsende Literatur zur Literaturkritik wie zur literarischen Wertung gibt davon hinlänglich Zeugnis[41].

Im Folgenden sollen in der gebotenen Kürze nur einige Aspekte dieser Problematik im Hinblick auf Bölls *Katharina Blum* berücksichtigt werden.

Als Wertungskriterien, die sich aus der komplexen literarischen Kommunikation zwischen Autor, Text, Kritikern und Durchschnittslesern ergeben, werden dabei im Einzelnen berücksichtigt: 1. die inhaltliche Stimmigkeit, 2. die formale Schlüssigkeit, 3. die stilistisch-ästhetische Bewertung, 4. der gehaltliche Rang und die *innere Wahrheit* und 5. der literarhistorische Rang des Textes.

Auf ein weiteres Kriterium, das bei der Textwahl (Kauf, literardidaktische Behandlung) maßgebend ist, nämlich den literarischen Bekanntheitsgrad des Autors, sei nur am Rande hingewiesen. Zweifellos spielte und spielt die Popularität des vor dem Erscheinen der Erzählung zum Literaturnobelpreisträger avancierten Heinrich Böll eine große Rolle für die Entscheidung *Katharina Blum* zu lesen. Eine literarische Wertung ist dabei den literarischen, medialen und kommerziellen Instanzen überlassen worden, die einem Autor die entsprechende Publizität verschafft haben.[42]

In der Frage der inhaltlichen Stimmigkeit, d. h. der textlichen Widerspruchsfreiheit und der Glaubwürdigkeit bzw. Ereignismöglichkeit der Darstellung, ist wiederholt auf Unstimmigkeiten in der Zeitstruktur der Erzählung hingewiesen worden, so etwa auf das Erscheinen der ZEITUNG bereits am Donnerstag (36, S. 79) statt richtigerweise am Freitag, da ja Donnerstag erst die Festnahme und Verhöre Katharinas erfolgten. Dementsprechend konnten natürlich keine Leserreaktionen schon am **Freitagmorgen** durch die Post erfolgen (34, S. 76). In der ernsthaften literarischen Kritik sind allerdings solche Fehler des Autors nur peripher gewertet worden. Entscheidender bleibt die übrige inhaltliche Stimmigkeit, etwa die sachliche und psychologische Wahrscheinlichkeit, (für

Böll auch die **politische Wirkung**[43]) des Geschehens, die dagegen kaum Anlass zur Kritik bot. Wenn auch das erzählte Geschehen im Ganzen wie im Einzelnen vom Autor konstruiert ist, so trägt es doch realistische Züge der zeitgenössischen Wirklichkeit und des Modellcharakters einer Darstellung eines möglichen Geschehens.

In der Form der Erzählung geht BÖLL eigene Wege, die trotz der Eigenwilligkeit der Erzählkonstruktion weitgehend Anerkennung gefunden haben. Die Kriminalgeschichte als solche, die hier geboten wird, meidet die traditionellen Klischees dieses Genres, indem weniger die detektivische Seite als vielmehr die Bedrängnisse und Motivationen der Mörderin hervorgehoben werden. Die dabei einbezogene Montagetechnik, die in manchem an DÖBLINS *BERLIN ALEXANDERPLATZ* erinnert, ist als Zugeständnis an den gleichzeitigen Dokumentarstil in der Literatur empfunden worden. Problematisch bleibt jedoch die anonyme Erzählerfigur, die zwar – wie im Einzelnen noch gezeigt werden kann (vgl. Kap. 6) – als Quellenauswerter wie als Vermittler und auktorialer Kommentator der Ereignisse kompositionell wie sprachlich Distanz zur Unmittelbarkeit des Geschehens schafft, insgesamt jedoch, auch wegen ihrer sprachlichen Eigenarten, nicht ganz geglückt scheint. BÖLL hat dies im Gespräch mit Manfred Durzak[44], wo er sich selbst einen **formalistischen Spieler** nennt, auch eingeräumt.

Die problematische Konstruktion und Sprache des Erzählers hat natürlich auch Rückwirkungen auf die stilistisch-ästhetische Bewertung, die daran Anstoß genommen hat (s. o.). Akzeptiert man jedoch die leichte Skurrilität der Erzählerfigur und ihre Sprache, so wird man auch ihre Abschweifungen, etwa über Gefahren des Telefonanzapfens (41), hinnehmen. Im Übrigen erweist sich der Text aufgrund der Textmontagen sowohl in den Erzählperspektiven als auch stilistisch als polyvalent, sodass man keine stilistische Einheit erwarten kann.

Eine Bewertung der Qualität des Textes hat auch auf die Angemessenheit der Sprachgestaltung im Verhältnis zur Dignität des Themas bzw. der gehaltlichen Problematik und zur literarischen Tradition der Gattung zu achten. Der erste Aspekt zielt auf die Vermeidung einer unechten reißerischen oder sentimentalisierenden Darstellung und Sprache, der zweite auf ein mögliches Verharren der Sprachgestaltung in einer konventionellen, klischeereichen Stilform. Es kann jedoch gezeigt werden, wie sich BÖLL sowohl gegen klischeehafte Figuren- und Handlungsschilderungen wendet als auch durch die Modifikation der Erzählweise, durch Ironie und Satire ein konventionelles Erzählen vermeidet.

Die größte Eindeutigkeit scheint der Text im Hinblick auf den gehaltlichen Rang und die innere Wahrheit der Aussage zu besitzen, und zwar in Bezug auf den Autor als auch auf die von ihm hervorgehobenen Probleme. Indem Böll hier die Gefährdung einer bisher unbescholtenen und dann aus Liebe in ein Delikt verwickelten Frau durch staatliche Instanzen, noch mehr aber durch eine sensationsgierige, moralisch ungezügelte und selbstherrliche Presse aufzeigt und die Verzweiflungstat dieser Frau motiviert, bewährt er sich wiederum als literarischer Anwalt der **Erniedrigten und Beleidigten** (um es mit einem Titel des von Böll geschätzten Dostojewski zu formulieren). Der gehaltliche, hier gesellschaftlich-moralische Rang des Sujets ist unbestritten, sofern man auch in der Gegenwartsliteratur noch moralische Positionen anerkennt und nicht als unkünstlerisch verwirft um subjektiven Assoziationsspielereien den Vorzug zu geben.

Dass Bölls Text ursprünglich durch eine pressekritische Kontroverse veranlasst und als literarisches Pamphlet gedacht war und Eigenheiten dessen nach Bölls Worten[45] auch bewahrt hat, widerspricht nicht der Wertung als moralisch fundierte, dichterische Leistung eines gesellschaftlich engagierten Autors.

Auch die **innere Wahrheit** des Textes, **die Einheit, Einheitlichkeit und Integration der Bestandteile des Werkes zu einem großen, in sich geschlossenen Ganzen**[46] (G. v. Wilpert) erscheint, trotz der Montage und ihrer Perspektivenwechsel, gewährleistet.

Ob Bölls Erzählung ihren literarischen Rang, den sie zweifellos sogleich nach ihrem Erscheinen erreicht hat, der sie in die Kette der hervorragenden Novellen und Erzählungen der deutschen Literatur einzugliedern erlaubt, auch künftig behauptet, wird zum einen vom Verständnis für die hier erzählte Problematik und damit von der Fortdauer der zugrunde gelegten Wirklichkeitsverhältnisse abhängen, zum andern von einer entsprechenden Fortdauer des literarischen Ansehens Heinrich Bölls.

Katharina Blum kann soweit auch als Text betrachtet werden, an dem das Vorgehen und die Kriterien der literarischen Kritik und Wertung exemplarisch aufgewiesen werden können.

6 Erzählform und Sprache des Textes

Bereits bei der Analyse der Handlungsstruktur und des Textaufbaus (Kap. 2) wurde deutlich, dass die hier vorliegende Kriminalgeschichte in ihrer Form und Sprache in entscheidendem Maße durch die fiktiven Textmanipulationen des textimmanenten Erzählers bestimmt ist. Der Aufweis dieser Textprägungen gehört dementsprechend zu den wichtigen Aufgaben der Interpretation dieser Erzählung.

6.1 Erzählerfigur und Erzählhaltung

Als Bölls Erzählung *Katharina Blum* 1974 erschien, waren manche Literaturwissenschaftler darüber verwundert, dass der Autor für die Darbietung der Vorgänge wiederum einen fiktiven Erzähler wählte, der die Einzelheiten des Textes vermittelte und kommentierte und damit dem Ganzen eine subjektive Prägung und Brechung zuteil werden ließ. Dies verwunderte besonders deshalb, weil Böll im vorangehenden Roman *Gruppenbild mit Dame* nach einer Reihe von Kapiteln der sukzessiven Berichterstattung zu einer Art Textmontage im postmodernen Sinne übergegangen war, die auf eine zeitgemäße Abschaffung des Erzählers schließen ließ.

Wie wird nun der Erzähler in *Katharina Blum* sichtbar und welche Erzählhaltung nimmt er gegenüber dem Dargestellten ein?

Die Literaturwissenschaft unterscheidet zwischen einem auktorialen, einem personalen und einem Ich-Erzähler, der nicht mit dem Autor identisch ist, bzw. entsprechenden Erzählsituationen. Während der Ich-Erzähler durch das Erzählen in der ersten Person die Suggestion eines erlebenden und erzählenden Ichs vermittelt, fällt der auktoriale Erzähler durch die Hervorhebung der eigenen Erzählerrolle sowie durch seine subjektiven Kommentierungen und Wertungen des Dargestellten auf, der personale Erzähler dagegen durch die Vermeidung solcher auktorialer Wertungen und die Konzentration auf die Perspektive der Personen und die Stilformen der erlebten Rede und des inneren Monologs.

F. K. Stanzels[47] **Erzählsituationen** sind in der nachfolgenden Kritik wiederholt abgewandelt und ergänzt worden. Bemerkenswert und relevant erscheint hier Jürgen H. Petersens[48] Betonung des **Erzählverhaltens** und seine Kategorie der **Neutralität** im Erzählen, bei der der Narrator **auf jede individuelle Optik verzichtet und die Dinge soweit wie möglich sich selbst überläßt.** Die Erzählhaltung in Bölls *Katharina Blum* scheint zunächst die des neutralen Berichterstatters zu sein. Diese Erzählerrolle knüpft somit an die große Erzähltradition der deutschen Novelle an, in der zumeist als Erzähler **der nur äußerlich als Zuschauer am Geschehen teilnehmende […], z. T. anonyme […] Berichterstatter**[49] deutlich wird. Die subjektiven Züge des dabei bevorzugten auktorialen Erzählverhaltens werden allerdings bei Böll teilweise bewusst eliminiert, sodass dann der Stil nüchterner Aktennotizen oder wissenschaftlicher Arbeiten dominiert. Auffallendes Merkmal dabei ist das Fehlen eines Bezuges auf die Erzählerfigur (z. B. im Personalpronomen der 1. Person). Zumindest am Textanfang ist dies der Fall. Wie ein wissenschaftlicher Gutachter gibt der Erzähler hier Rechenschaft über die von ihm benutzten Quellen seiner Darstellung (1):

einige Neben- und Hauptquellen […]: Vernehmungsprotokolle der Polizeibehörde, Rechtsanwalt Dr. Helmut Blorna, sowie dessen Schul- und Studienfreund, der Staatsanwalt Peter Hach, der […] die Vernehmungsprotokolle, gewisse Maßnahmen der Untersuchungsbehörde und Ergebnisse von Recherchen, soweit sie nicht in den Quellen auftauchten, ergänzte, […] lediglich zu privatem Gebrauch.

6.2 Objektive und subjektive Darstellungsweisen

Bereits bei der Kennzeichnung der Erzählerfigur und der Erzählhaltung wurde deutlich, wie sehr objektbezogene, kurz genannt *objektive* Darstellungsweisen, wie sie in den Formen des Handlungsberichts vorliegen, und subjektbezogene, kurz genannt *subjektive* Darstellungsweisen, zu denen hier Ich-Bericht (vgl. z. B. 22, S. 36 ff.) und die verschiedenen Formen des Erzählerkommentars gezählt werden[50], einander abwechseln und ineinander verwoben sind.

Bölls Erzählung enthält Passagen, in denen scheinbar nur Fakten in nichtsubjektiver Weise in der Form des Er-Berichts vermittelt werden. Orts-, Zeit-, Personen- und Handlungs- oder Vorgangsangaben konstituieren diese Berichtssätze und verleihen ihnen den Anschein objektiver Darstellung (soweit dies in Sprache überhaupt möglich ist). Einige Beispielsätze mögen dies verdeutlichen:

Zwischen 13.30 und 17.45 Uhr wurde die Vernehmung zur Person fortgesetzt, die Beizmenne gern kürzer gehabt hätte, die Blum aber bestand auf Ausführlichkeit, die ihr von den beiden Staatsanwälten zugestanden wurde […]
(17, S. 28)

Der Erzähler weiß hier über den Ablauf der Vernehmung zu berichten sowie über das Verhalten der hierbei beteiligten Personen. Die Vernehmung erscheint wie ein objektiv erfasster Vorgang. Dass er durch bestimmte Menschen durchgeführt wurde, wird durch die Passivform der ersten Satzeinheit ebenso verdeckt wie die Figur des berichtenden Erzählers.

Anders wirkt folgender Satz:

> **Nun kehrt man reumütig in den Vordergrund zurück, begibt sich wieder an die unvermeidliche Kanalarbeit und muß schon wieder mit einer Erklärung beginnen!** (42, S. 102)

Hier fällt zunächst die unpersönliche Erzählerkennzeichnung im Subjekt **man** auf, von der die drei Satzkerne (**kehrt man** [...] **zurück, begibt man sich wieder, muß man schon wieder**) abhängen. Der Erzähler, der im ersten Satzbeispiel im Passiv verdeckt blieb, stilisiert sich so als anonyme Kraft, die ihr eigenes Vorgehen reflektiert, sogar emotional-ironisch charakterisiert (vgl. **reumütig**) und in den Formulierungen auf den zuvor gewählten Bildkontext bezieht (vgl. **Vordergrund** im Gegensatz zu **Hintergrund**-Reflexionen von S. 98, **Kanalarbeit** als Teil der Quellen-Metaphorik aus Kap. 2). Als Beispiel für die Verschmelzung von *subjektiven* und *objektiven* (objektiveren) Formulierungen sei nur noch der Beginn des dritten Kapitels erwähnt (3, S. 9 f.):

> **Die Tatsachen, die man vielleicht zunächst einmal darbieten sollte, sind brutal: am Mittwoch, dem 20. 2. 1974, am Vorabend von Weiberfastnacht, verläßt in einer Stadt eine junge Frau von sechsundzwanzig Jahren abends gegen 18.45 Uhr ihre Wohnung, um an einem privaten Tanzvergnügen teilzunehmen.**

Während hier der Einleitungssatz als wertender Erzählerkommentar entsprechend subjektiv formuliert ist (wenn auch die Erzählerinstanz sich durch das Subjekt **man** im Nebensatz zu objektivieren sucht), erscheint der Folgesatz (nach dem Doppelpunkt) klar als Bericht, der die notwendigen Fakten als Gesamthandlung fixiert.

Durch diesen ständigen Wechsel von *subjektiven* und *objektiven* Formulierungen entsteht die Fiktion, dass es sich in diesem Text zwar um tatsächlich geschehene Ereignisse handelt, die jedoch nur soweit deutlich werden, als es der um Ermittlung und Sichtung der Fakten bemühte, kommentierende Erzähler erlaubt, der allerdings seine Subjektivität in verschiedener Weise zu verdecken sucht.

Ganz anders verhält es sich mit dem Verhältnis von *Subjektivität* und *Objektivität* im Stil der ZEITUNG. Auch hier lassen sich *subjektive* und *objektive* Formulierungen unterscheiden, wenn auch die für gute Publizistik geforderte Trennung von Fakten und Meinungen kaum eingehalten wird, weder im Lay-out noch im Stil, vielmehr der objektivierende Berichtstil dominiert und die Illusion einer wahrheitsgetreuen Berichterstattung zu suggerieren sucht. Subjektive, d. h. die Meinung der Redaktion der ZEITUNG wiedergebende Äußerungen erscheinen hier in verschiedenen Formen:

1. Konstatierende und wertende Behauptungen von scheinbar objektiver Gültigkeit, vgl. z. B.:

Nun steht endgültig fest: Katharina Blum hat dem blutbefleckten Götten zur Flucht verholfen, sie hat das freundschaftliche Vertrauen und die spontane Hilfsbereitschaft eines hochangesehenen Wissenschaftlers und Industriellen schamlos mißbraucht. (47, S. 114)

2. Vermutungen in Form von Behauptungen, die durch Modalverben und Konstativverben eingeschränkt werden, vgl. z. B.:

Die harmlosen Karnevalsfreuden eines redlichen Arbeiters jedenfalls dürften getrübt sein (23, S. 42).
Offenbar sollte die Blum im Auftrag einer Linksgruppe die Karriere von S. zerstören (47, S. 114).

3. Formulierungen mit dem anonymen Kollektivsubjekt **man**, vgl. z. B.:

Als erstes nachweisbares Opfer der undurchsichtigen, immer noch auf freiem Fuß befindlichen Katharina Blum kann man jetzt ihre eigene Mutter bezeichnen. (47, S. 113).

4. Die Umformung in selbststilisierende Berichts- oder Behauptungssätze mit dem Subjekt **die ZEITUNG**, vgl. z. B.:

DIE ZEITUNG BLEIBT WIE IMMER AM BALL (22, S. 37) […] Es gelang ZEITUNGs-Reportern, die schwerkranke Mutter der Blum ausfindig zu machen (23, S. 40) […] Die ZEITUNG erhebt zum wiederholten Male die Frage … (47, S. 114)

5. Die Einkleidung in tatsächliche und rhetorische Fragen (die häufig kaschierte Behauptungen sind[51]), vgl. z. B.:

War ihre Wohnung ein Konspirationszentrum, ein Bandentreff, ein Waffenumschlagplatz? (22, S. 37) […] War Katharina B. etwa auch an den Unterschlagungen des berüchtigten Dr. Fehnern beteiligt? (47, S. 113)

Im Gegensatz zur Handlungsrekonstruktion durch den Erzähler suchen die Texte der ZEITUNG also den Charakter subjektiver Meinungsvermittlung weitgehend dadurch zu verschleiern, dass sie dafür scheinbar objektiv berichtende Formen wählen.

Eine weitere Ausdrucksform des Subjektiven in *Katharina Blum* bieten die wertenden Adjektivattribute und Adjektivadverbien sowie nominale Appellative, die in beiden Textbereichen, im Erzählertext wie in den ZEITUNGs-Berichten, vorkommen. Verglichen werden sollen hier nur solche sprachlichen Ausdrücke, die eine Auf- oder Abwertung von Personen beinhalten. Auch in diesem Punkt sind die ZEITUNGs-Texte reicher und sensationsbetonter gestaltet als die Erzähler-Texte. Ein paar Beispiele aus den ersten vierzig Seiten mögen dies illustrieren:

ZEITUNG: S. 36 **Räuberliebchen Katharina Blum**; S. 36 **der […]**

Bandit und Mörder Ludwig Götten; S. 39 **Mörderbraut**; S. 40 **den Charakter der Blum und ihre undurchsichtige Vergangenheit; der biedere Textilarbeiter Wilhelm Brettloh**; S. 41 **eines redlichen Arbeiters; hochbezahlter Industrieanwalt Dr. Blorna.**

Erzähler: S. 13: **eine so kluge und fast kühle Person wie die Blum;** S. 19: **die äußerst attraktive Blum;** S. 20: **Hach [...] gilt [...] als *Sexklemmer*;** S. 19: (von der Kriminalbeamtin Pelzer in höflicher Form mitgeteilt, dass) **Ludwig Götten ein lange gesuchter Bandit sei, des Bankraubes fast überführt und des Mordes und anderer Verbrechen verdächtig;** S. 29: **Katharina Blum mit erstaunlicher Pedanterie.**

6.3 Ironie und Satire im Text

Mit den Begriffen *Ironie* und *Satire* werden hier zwei textliche Kategorien gekennzeichnet, die beide auf ungewöhnliche, distanzierende Darstellungsweise abzielen. Während als *Ironie* eine sprachliche Abweichung bezeichnet wird, bei der das Gemeinte mit dem Gesagten nur mehr oder weniger übereinstimmt, wird unter *Satire* eine literarische Formeigenheit verstanden, die das Dargestellte unter Verwendung ironischer oder pathetisch bzw. in anderer Form übertreibender Sagweisen als unzulänglich und verbesserungsbedürftig verspottet oder bloßstellt.

Zunächst zur Ironie:

Ironie ist in verschiedener Weise realisierbar[52]. Die Spannweite reicht dabei von der völligen Verneinung des Gesagten, etwa in umgangssprachlichen Wendungen (z. B.: **Ein ganz schöner Wind** für einen Sturm), über die grobe oder geringe Verletzung stilistischer Erwartungsnormen (etwa durch preziöse statt sachliche Ausdrucksweise) bis zur subtilen Infragestellung oder Relativierung des Gesagten (z. B. durch übertriebenen Satzbau, ungewohnte Wortstellung o. Ä.). Sie kann sowohl einer Erzählhaltung entspringen und durchgehend im Text erscheinen als auch kritisches Ausdrucksmittel einzelner bestimmter Erzählabsichten sein (z. B. einer satirischen Teildarstellung).

In Bölls *Katharina Blum* finden sich ironische Züge des Nicht-Ernsthaften vor allem in den Erzählerkommentaren. So macht schon die Metaphern ähnliche Gleichsetzung der Informationsquellen des Erzählers mit Pfützen und Kanalsystem von kindlichen Wasserbauten in Kap. 2 einen ironischen Eindruck, der nicht nur durch die ungewöhnliche konkrete Verbildlichung einer bereits gängigen Metaphorisierung (*Quelle* für Informationsquelle zum Pfützensystem) entsteht, sondern auch durch unerwartete Wortbildungen (z. B. **Pfützenwasserpotential**) und die überflüssige reichliche Worthäufung (vgl. z. B.: **um es auf ein niedrigeres Niveau ab-, möglicherweise gar ordnungsgemäß oder or-**

dentlich, regelrecht in behördlicherseits erstellte Abflußrinnen oder in einen Kanal zu lenken [2, S. 8]). In gleicher Weise kann auch die Erläuterung der Umstellungen in der Zeitstruktur des Textes, die als **Rückstau** (24, S. 43) und **Stauungen** (25, S. 56) bezeichnet sind, als ironisch im Sinne überflüssiger Metaphorisierung angesehen werden. Ironisches findet sich auch in der Erzählweise, wenn der Erzähler z. B. plötzlich den gewohnten umständlich-betulichen Stil, der selbst ironisch, weil unsachlich, unpassend, wirkt (vgl. z. B. 6, S. 13: **[...] nicht nur zur Pistole griff, sondern diese auch in Tätigkeit setzte.**), verlässt um ins Umgangssprachliche zu wechseln (vgl. z. B. 7, S. 13: **Gehen wir von diesem äußerst niedrigen Niveau wieder auf höhere Ebenen. Weg mit dem Blut. Vergessen sein soll die Aufregung der Presse,** oder 34, S. 76): **Zur Warnung: es kommt noch schlimmer.** Auch ungewohnte Wortbildungen können als Ironiesignale gewertet werden, etwa wenn (3, S. 10) von **Grusi- und Musicals** und (7, S. 14) von **Akt- und Passiva** gesprochen wird. Hier wären auch Neubildungen und -kombinationen wie **Sexklemmer** (12, S. 19) **Telefonzapfer, Zärtlichkeitsanbieter** (41, S. 98), **Telefonsittenstrolche** (41, S. 101), **Todesherbeiführer** (42, S. 102) anzuführen.

Eine andere Form von Ironie sind textliche Anspielungen: So fügt der Erzähler im Zusammenhang mit seiner Quellenmetaphorisierung wiederholt das Zitat **zusammen nicht kommen können** (2, S. 8) bzw. **zueinander nicht kommen können** (42, S. 98) ein und hebt es durch Anführungszeichen hervor und spielt dabei auf das Volkslied von den zwei Königskindern an, die nicht zusammenkommen konnten, zumal eine **falsche Nonne** ihnen die aufgestellten Kerzen ausblies, sodass **irgendeiner versank [...] ertrank** (S. 98). Man fragt sich, ob mit dieser Anspielung auf eine **falsche Nonne** Katharinas Zerrbild in der ZEITUNG gemeint ist, das dort als Unheilbringerin für Blorna und Sträubleder ausgegeben wird.

Auch der ganze Komplex von Reflexionen über das Abhören von Telefonaten (Kap. 41), der auch satirische Züge trägt, ist betont ironisch abgefasst, auch wenn man es hier teilweise mit inneren Monologen des Erzählers zu tun hat. Man kann hier sogar von einer gewissen Steigerung in der Abfolge der ironisch verwendeten Beispiele sprechen. Ausgehend von der Reflexion über den *handlungsstarken* Charakter der Geschichte über die **Zäpfchenaffäre,** das gesetzlich erlaubte Anzapfen und Mithören von Telefonaten und die Auswirkungen auf die beamteten Mithörer, dann das recht absurde Streitgespräch zwischen Lüdings Köchin und Sekretärin über Lüdings Nachtischwünsche und über die sittlichen Gefahren beim Mithören von Intimtelefonaten von Liebespartnern, werden hier überflüssige Abschweifungen eingefügt, die im

Ganzen wie im Einzelnen einen mehr oder weniger ironischen Charakter besitzen. Man vergleiche nur einzelne Sätze aus diesem Komplex, wie z. B. **Natürlich ist es betrüblich, wenn eine freiberuflich arbeitende Hausangestellte einen Journalisten erschießt** (S. 96); **Was denkt sich ein unbescholtener Beamter, der nichts als seine Pflicht tut, der sozusagen, wenn nicht unter Befehls-, dann unter Broterwerbsnotstand seine (möglicherweise ihm widerwärtige) Pflicht tut [...]? Gerät er in sittliche oder geschlechtliche oder in beide Arten von Erregung?** (S. 98); **Wer kümmert sich um unsere nationalen Telefonstreitkräfte?** (S. 101). Die ironischen Sprachbeispiele könnten fortgeführt werden.

Wenn die ironischen Formulierungen hier auch der satirischen Demaskierung und Kritik der kriminalistischen Abhörpraxis dienen, so bildet diese Zielsetzung nicht den einzigen Sinn von Ironie im Text: Die Ironie in den Erzählerkommentaren scheint dagegen eher eine spielerische Aufhebung oder Relativierung der Erzählerrolle im Sinne einer postmodernen Tendenz zur Formenauflösung bewirken zu wollen. Der subjektive Charakter in der Vermittlung der Textinformationen wird mehr unterstrichen.

Es erscheint sinnvoll, noch auf die Satire im Text einzugehen. *Satire* als literarische Darstellungsweise dient – wie schon angedeutet – der Kritik, Verspottung und Demaskierung bestimmter Fehlhaltungen oder Missstände durch Verzeichnungen, Übertreibungen, Zerrbilder und Verspottungen[53].

Heinrich Böll hat viele, teilweise recht gelungene Satiren geschrieben, in denen er Missstände und Fehlentwicklungen seiner Zeit bloßstellte[54]: Man könnte letztlich auch *Katharina Blum* als Ganzes als eine Demaskierung des Machtmissbrauchs der Boulevardpresse ansehen ohne jedoch von einer Satire zu sprechen, da einer solchen der ernsthafte Charakter in der Schicksalsdarstellung Katharinas widerspricht, der eher einer Tragödie nahe kommt[55].

Der Text enthält jedoch auch im Einzelnen satirische Züge, wie das 41. Kapitel mit seinen Reflexionen über das *Anzapfen* von Telefonen und Wirkungen bei den Mithörern, über die Sorgen um Lüdings Nachtisch und über vergebliche Sorgen um die Psyche und das Seelenheil der Abhörkräfte ausführlich zeigt. Böll kritisiert darin nicht nur die Abhörpraxis solcher *Lauschangriffe,* sondern auch die Steuerkosten für die Telefonüberwachung von *Prominenten* durch absurde Übertreibungen, etwa in der Nachtisch-Streiterei oder in der möglichen Gefährdung der Abhörer.

Auch in der Darstellung des Polizeiapparates und des Fahndungsaufwandes sowie des Zusammenwirkens von Justiz und Presse kann man satirische Züge entdecken. Sie werden vor allem als Verspottung bestimmter polizeilicher Verhaltensweisen deutlich. So erscheint der Polizeispitzel Karl mit seinen ominösen *Selbstgesprächen* auf der Toilette, die Funksprüche sind, als ausgesprochene Witzfigur. Auch Beizmenne ist in seiner Wut nach der Fahndungspanne mit Götten nicht frei von satirischen Verzeichnungen. Satirisch verzeichnet erscheint auch der Pfarrer von Gemmelsbroich mit seiner **Kommunistenriecherei** (Kap. 50).

Selbst Dr. Hubert Blorna, Katharinas Arbeitgeber, Verehrer und Anwalt, wird gelegentlich satirisch dargestellt, etwa in seiner Absicht Molotow-Cocktails zu basteln und gegen die ZEITUNG und gegen Sträubleder zu werfen (49, S. 118) und mit seiner Ohrfeige für Sträubleder und die groteske Verwendung der Blutstropfen zu einem **One minute piece of art** (56, S. 130) sowie der Vernachlässigung seiner Körperpflege (57, S. 131 f.).

Eine satirische Überzeichnung der Mitglieder der gesellschaftlichen Oberschicht bietet ferner die Schilderung der Woltersheim über die Partygäste, die sie bedient (55, S. 128 f.). Einzig Katharina bleibt von ironischen oder satirischen Verzeichnungen frei.

Ein kleines Musterbeispiel von Satire, das die enge Verbindung von Karneval und Kommerz geißelt, findet sich im kurzen 5. Kapitel (S. 12), wo es von einem **Karnevalsfunktionär, Weinhändler und Sektvertreter** heißt, dass er den **Humor** (nicht den Karnevalsbetrieb) **wiederaufgebaut** habe und dass er die Zerstörung von **Stimmung und Geschäft** durch eine solche Mordnachricht im Karneval als **echtes Sakrileg** bezeichnet.

6.4 Die Sprach- und Stilmischung in der Erzählung

Trotz der ironischen und satirischen Elemente der subjektiven erzählerischen Besonderheiten, die zuvor erläutert wurden, versucht Bölls Erzähler den Eindruck eines authentischen Berichts zu vermitteln, der die beteiligten Personen zumindest teilweise in ihrer Sprechweise zu Wort kommen lässt. Das Ergebnis ist eine Mischung unterschiedlicher Sprach- und Stileigenheiten, die hier exemplarisch gekennzeichnet werden sollen.

Auf die reflektierende und kommentierende Sprechweise des Erzählers ist bereits mehrfach hingewiesen worden. Seine mitunter recht gesuchte Ausdrucksweise enthält – dem Charakter des Textes als Recherche eines Kriminalgeschehens entsprechend – auch eine Reihe von Eigenheiten des Protokollstils aus der Behörden- oder Verwaltungssprache. Dies zeigt sich vor allem in den Passivformen der indirekten und berichteten Rede, aber auch in unpersönlichen, amtlich wirkenden Berichtsformen mit **es wurde,** vgl. z. B. (13, S. 20):

es wurden einige Gegenstände beschlagnahmt; (13, S. 20) es wurde Katharina gestattet; (24, S. 45) Bemerkt worden war auch, daß [...]; (26, S. 58) [...] muß auch festgestellt werden, daß [...]; (31, S. 70) Es mußten noch drei weitere Teilnehmer des Hausballs vernommen werden.

Solche formelartigen Wendungen finden sich nicht nur bei der Wiedergabe der Vernehmungen; auch in den Kommentierungen des Erzählers tauchen sie auf und prägen seinen Berichtstil, vgl. z. B. (34, S. 75): **Hier sollte erkannt werden, daß** [...]; usw. Dagegen fehlt eine solche bürokratische Sprechweise in den Reden Beizmennes und der Staatsanwälte, soweit sie wörtlich wiedergegeben werden.

Für Beizmenne gilt, dass er gelegentlich in umgangssprachliche oder vulgäre Ausdrücke abrutscht; man denke etwa an die umstrittene erste Frage an Katharina, aber auch an Wörter wie **abgezischt** (33, S. 74). Noch häufiger begegnen solche Ausrutscher in eine gröbere Sprache bei den Blornas, sowohl bei Dr. Hubert Blorna als auch bei der wortreicheren Dr. Trude Blorna, besonders wenn sie erregt sind. Wörter wie **angequatscht** (21, S. 35); **in die Fresse hauen** (38, S. 88); **diese Schweine** (40, S. 92) tauchen so in Dr. Hubert Blornas Äußerungen auf, wogegen Dr. Trude Blorna, die den Racheversuch ihres Mannes an Sträubleder und der ZEITUNG als **spontan-kleinbürgerlich-romantischen Anarchismus** (49, S. 118) bezeichnete, Lüding am Telefon mit **Sie Schwein, Sie elendes Ferkel** tituliert (49, S. 119). Ihre kaum **damenhaften** Worte zu Frau Sträubleder bei dem Streit zwischen den beiden Paaren (56, S. 130) werden taktvoll vom Erzähler verschwiegen.

Auch Frau Woltersheim, die (28, S. 64) schon Brettloh als **typische[n] Schleimscheißer** und **widerwärtigen Angeber** tituliert hatte, antwortet dem anonymen Anrufer mit **Sie verdammte Sau, Sie verdammte feige Sau** (34, S. 77).

Interessant ist auch der Sprachgebrauch in der ZEITUNG unter soziolinguistischem Aspekt. Auf Sprache und Stil dieses Blattes ist ja an anderer Stelle bereits hingewiesen worden (Kap. 4.3). Hier sei nur noch auf das merkwürdige Sprachgemisch des Wilhelm Brettloh eingegangen, das natürlich ein fiktives Konstrukt des Reporters Tötges ist, der ja nach eigenem Bekunden sich auch sonst bemühte **einfachen Menschen Artikulationshilfe zu geben** (42, S. 103). Neben mundartlichen Ausdrücken (**tritschen**[56]) und naiven Sätzen im restringierten Code mit umgangs-sprachlichen Redewendungen (z. B. **DAS war's also, was da lief. Nun wird mir alles klar.** S. 41) finden sich hier auch geschraubte Formulierungen, die eher aus Tötges' Munde stammen, etwa die angebliche Selbstcharakterisierung Brettlohs als **redlicher, bescheidener Arbeiter, redlicher Arbeitsmann** sowie die ideologisierenden Programmsätze (**So müssen falsche Vorstellungen vom Sozialismus enden; ich segne den Entschluß unseres Herrgotts, uns keine Kinder zu schenken; Auch wir hätten es im Laufe der Jahre zu Eigentum und einem Kleinwagen gebracht** [23, S. 41]). Auch Einzelwörter wie **Radikalität, Kirchenfeindlichkeit, unkomplizierte Zuneigung** klingen aus Brettlohs Munde etwas zu abstrakt. Bezeichnenderweise wird auch das heute despektierliche Wort **Dienstmädchen** verwandt, während sonst Katharinas Beruf moderner als **Hausgehilfin** und **Wirtschafterin** (15, S. 22 f.) bezeichnet wird.

Von den Hauptpersonen der Erzählung ist Katharina die einzige, deren Sprache, soweit sie treffend wiedergegeben wird, sich auf relativ gleicher sprachlicher Stilhöhe bewegt, einzig durch bestimmte Hochwert-Wörter wie **gütig, innig** und biblische Anspielungen (s. Kap. 3.1.3) und die Schimpfwörter **eitler Fatzke** (37, S. 80) und **Schwein** (58, S. 135) sowie durch das volkstümliche Wort **Kledage** (ebd.) unterbrochen.

6.5 Personennamen als symbolische Kennzeichnungen

Heinrich Böll hat in seinen Werken, insbesondere in den satirischen Texten, die Namen der Personen nach einem möglichen symbolischen Nebensinn ausgewählt. So hat man auch in *Katharina Blum* solche Namenssymbole aufgewiesen[57]. Sie tragen zur positiven oder negativen Charakterisierung der Personen bei, indem sie aufgrund der Namenselemente entsprechende Assoziationen der Sympathie oder Antipathie auslösen. Der Name der Hauptfiguren ist dementsprechend in einem doppelten Sinne symbolisch: **Katharina** bedeutet im Griechischen *die Reine*, die *Geläuterte* (vgl. *Katharsis*); **Blum** hingegen verweist auf *Blume.* Man ist so geneigt die *reine Blume* als Symbolbedeutung auf Katharinas Wesen zu beziehen, das ihre Gegenspieler mit den Negativnamen **Beizmenne** und **Tötges** zu zerstören suchen.

Auch Katharinas Geliebter, Ludwig Götten, der von ihr mit dem biblischen Zitat (nach Lk 7, 19 f.) **er war es eben, der da kommen soll** (26, S. 59) charakterisiert wird, ist durch die Namensähnlichkeit mit *Gott* positiv gewertet.

Katharinas Tante und Vertraute Else Woltersheim trägt dagegen keinen auffallend symbolischen Namen. Dieser besteht jedoch aus typisch rheinischen Elementen. Sowohl der an sich niederdeutsche Familienname Wolters kommt im Rheinland noch häufig vor wie auch fränkische Ortsnamen auf -heim, das wiederum mit *Heimat* und *Heim* (= Zuhause) verwandt ist, also Geborgenheit assoziiert.

Der Name der Arbeitgeber Katharinas, der Blornas, steht mit **Blum** nur durch den B-Anlaut in Verbindung, erinnert entfernt auch an das synonyme lateinische *Flor,* enthält mit seinen weichen Gleitlauten zumindest keine negative Konnotation. Die Gegenseite repräsentieren dagegen die Namen Tötges, Beizmenne, Sträubleder, Brettloh, Meffels.

Mit dem Journalistennamen **Tötges** verbinden sich eindeutig negative Assozationen zu *töten.* Tötges ist ja der Einzige, der Katharina psychisch **zerstört,** zuletzt aber selbst getötet wird. Einen fast sprechenden negativen Namen besitzt der energisch-zynische Kriminalhauptkommissar Beizmenne. Hier spiegelt die Erstsilbe *Beiz,* das zum Verb *beizen,* einer Intensivbildung zu *beißen,* gehört, den aggressiven Charakter des Beamten, der sich in seinem zunächst recht brutalen Vorgehen (auch in seiner berüchtigten ersten Frage) spiegelt. Die Zweitsilbe *-menne* kann sowohl auf die Verkleinerung zu *Mann* (= Männchen) oder auf eine Abkürzung von *Hermann* verweisen (etymologisch auch auf nd. Meinhard[58]), was eher negativ als positiv wirkt.

Der Name des Unternehmers und **Wissenschaftlers** Sträubleder reizt ebenfalls zu einer Deutung als *sprechender Name,* dessen Träger sich hartnäckig und zäh wie Leder gegen etwas sträubt, nämlich in die öffentlich gewordene *Affäre* um Katharina Blum und Götten hineingezogen zu werden.

Der Name **Brettloh** wiederum konnotiert die Steifheit und Unbeholfenheit eines Brettes; der Name des Altbauern Meffels assoziiert den Negativnamen *Muffel.* Alle übrigen Namen scheinen mehr zufälliger und neutraler Natur zu sein.

7 Die Rezeption der »Katharina Blum«

Von allen Böll-Texten scheint *Katharina Blum* derjenige zu sein, der die größte Resonanz und stärkste Rezeption gefunden hat. Das hat verschiedene Gründe: Zum einen war es ein literarischer Text, der unmittelbar aus der publizistischen Auseinandersetzung um Böll, den durch den Literatur-Nobelpreis erneut berühmt gewordenen, aber weiterhin umstrittenen Autor, hervorgegangen war und seine Auseinandersetzung mit der Springer-Presse auf einer anderen Ebene fortsetzte, zum anderen hatte Böll hier eine Frauengestalt geschaffen, der überall Sympathie und Anteilnahme bei den Lesern zuteil wurde, besonders nachdem das Werk durch Volker Schlöndorff und Margarete von Trotta (1975) eindrucksvoll verfilmt worden war; weiterhin ist anzumerken, dass dieser Text in seiner Umfangsbegrenzung und einfacheren Darstellungsweise (etwa im Vergleich zu dem ebenfalls erfolgreichen Roman *Gruppenbild mit Dame,* der Böll 1972 den Nobelpreis einbrachte) leichter lesbar erschien und sich auch als Schullektüre als brauchbar erwies.

7.1 Rezensionen

Unmittelbar nach der Veröffentlichung der Erzählung 1974 (zunächst im ***Spiegel,*** danach als Buch) fand dieser neue Böll-Text viele Rezensenten sowohl in den großen Tages- und Wochenzeitschriften als auch in kleineren Regionalzeitungen und Kulturzeitschriften. Im Heinrich Böll-Archiv Köln liegen inzwischen 96 Rezensionen dazu vor (zum Vergleich: *Gruppenbild mit Dame* 107, *Fürsorgliche Belagerung* 136).

Die Rezensenten waren nicht einhelliger Ansicht über dieses Werk. Insbesondere die Springer-Zeitungen und konservative Blätter reagierten polemisch, wogegen links orientierte Zeitungen, aber auch manche andere, einhellig Lob spendeten (vgl. Mat. 6). Einige Meinungen seien aus der Flut der Rezensionen herausgegriffen:

So meint Günther Zehm in der Springer-Zeitung ***Die Welt*** (Ausg. B, 16. 8. 74), sich dadurch von Bölls Erzählung distanzieren zu müssen, dass er sie zunächst pauschal abwertet: Seine Besprechung trägt den Titel: **Heinrich der Grätige. Macht Bölls neue Erzählung Stimmung für ein restriktives Pressegesetz?** und spricht von Bölls **Büchlein**, einem **Konglomerat von Wehleidigkeit und Aggressivität**, in dem **ein Mägdelein so fein und rein, wie es sonst nur noch in den Romanen der Courths-Mahler vorkommt**, im Mittelpunkt stehe.

Fundierter, wenn auch mitunter ungenau, kritisiert Rolf Michaelis in der *Zeit* (Heinrich Bölls VERLORENE EHRE DER KATHARINA BLUM: Der gute Mensch von Gemmelsbroich, 2. 8. 1974, S. 24), der insbesondere die polarisierende Personenkonstellation und die strukturelle Verarbeitung aufs Korn nimmt und resümiert:

> In der Idealisierung seines Blum-Mädchens geht Böll bis an die Grenze des literarisch Zulässigen und Überzeugenden. Während Tötges (›der Kerl von der ZEITUNG‹) natürlich ›schmierig‹ ist und Porsche fährt, strahlt die einen gebrauchten VW kutschierende Katharina (griechisch: die Reine) in dem moralischen SUWA-Weiß, das Flecken auf der Seele von Kunstfiguren hinterläßt.

Wenn er allerdings Katharina als eine passive, ziellos streunende Frau bezeichnet, deren Verwandlung in eine aktive, ihr Ich bis zum Mord verteidigende Frau nur behauptet, nicht auch literarisch verwirklicht werde, so verkennt er die subtile Darstellung der psychologischen Entwicklung Katharinas (vgl. Kap. 3.1.4), was schon R. Nägele hervorhebt, der auch Michaelis' Kritik an der Struktur mit ihrem angeblichen Übermaß an Konstruktion und dem Stil von oft gequält bürokratischer Ironie zurückweist.[59]

In der *FAZ* (Der deutschen Gegenwart mitten ins Herz: Eine unpathetische Anklage. Heinrich Bölls *DIE VERLORENE EHRE DER KATHARINA BLUM*, 24. 8. 74) lobt Marcel Reich-Ranicki hingegen gerade die Personengestaltung Katharinas. BÖLL habe hier – im Gegensatz zur noch zu naiven Leni Pfeiffer in *GRUPPENBILD MIT DAME* – endlich eine geradlinig-einheitliche, eine glaubhafte und überzeugende Gestalt geschaffen. Wenn Reich-Ranicki indes behauptet, BÖLLS Erzählung sei weniger gegen die *Bild*-Zeitung gerichtet als gegen die Gesellschaft, die ein Phänomen wie die *Bild*-Zeitung duldet, was im Einzelnen jedoch nicht aufgewiesen werde, so interpretiere er – nach R. Nägeles Auffassung[60] – BÖLL politischer als er sei. [Das eine schließt das andere nicht aus. B. S.]

Wolfram Schütte betont demgegenüber in der *Frankfurter Rundschau* (Notwehr, Widerstand und Selbstrettung: Heinrich Bölls Erzählung *DIE VERLORENE EHRE DER KATHARINA BLUM*, 10. 8. 74) die Kritik BÖLLS an der Presse (die Hanjo Kesting im *Vorwärts* [Die Kritiker lassen Tarnkappen fallen, 19. 12. 74] anhand der rechtskonservativen Rezensionen unterstrich); aber auch die Thematisierung der Sprache und der Sensibilität dafür, die nach BÖLLS Auffassung – im Gegensatz zur damaligen linksintellektuellen Zuordnung zu den Intellektuellen – gerade bei den einfachen Leuten zu finden sei.[61]

7.2 Wirkung beim Leserpublikum

Die literarische Wirkung eines Textes zeigt sich nicht nur in der Wertschätzung durch Literaturkritik, Literaturwissenschaft und Literaturdidaktik, sondern auch und unter bestimmten Umständen zuerst in der Wirkung auf seine Leser. Da es allerdings bisher kaum befriedigende demoskopische Möglichkeiten gibt, die Leserreaktionen einigermaßen exakt und repräsentativ zu erforschen, kann man zunächst nur aus den Absatzzahlen der Verlage und des Buchhandels gewisse Schlüsse auf die Rezeption bei der Leserschaft ziehen. Man muss jedoch dabei bedenken, dass es beim Kauf eines Buches oft nicht der Text mit Inhalt und Form ist (den man zumeist ja kaum kennt), der den Kauf motiviert, sondern dass weitaus häufiger Autor und Preis die Wahl bestimmen. Im Falle der *Katharina Blum* dürften die Verleihung des Literatur-Nobelpreises 1972 an Böll und die politisch-literarische Auseinandersetzung um ihn häufig kaufmotivierend gewesen sein.

Ab 1976, als das Buch als dtv-Taschenbuch erschien, dürfte auch der Preis eine größere Rolle bei der Kaufentscheidung gespielt haben.

Nachdem bereits das Vorwort von Rudolf Augstein zum Erstabdruck im *Spiegel* ab dem 28. 7. 1974 dem Text Bestsellerqualität bescheinigt hatte, erschien das Buch im Oktober 1974 in einer Startauflage von 100 000 Exemplaren in Bölls Stammverlag seit 1953[62], dem Kiepenheuer & Witsch-Verlag, Köln. Binnen weniger Wochen war ein Nachdruck erforderlich. Bereits nach sechs Wochen meldete der Verlag den Verkauf von 150 000 Exemplaren. Ende der 70er-Jahre waren 700 000 Exemplare verkauft. Nach Angaben J. Kösters lag der Gesamtabsatz 1988 bei 1,6 Mio. Inzwischen sind bis März 1993 von der gebundenen Ausgabe 250 000 Exemplare und von der Taschenbuchausgabe 1,8 Millionen Exemplare abgesetzt worden. Die Erzählung ist bisher in 30 Sprachen erschienen, sodass auch von einem Welterfolg gesprochen werden kann.[63]

Zum Erfolg des Buches hat zweifellos die anerkannt gute Verfilmung durch Völker Schlöndorff und Margarete von Trotta beigetragen, die inzwischen auch mehrmals im Fernsehen gesendet wurde.

7.3 Die Adaption der Erzählung im Film

Bölls *Katharina Blum* ist wenige Monate nach ihrem Erscheinen durch Volker Schlöndorff und Margarete von Trotta mit finanzieller Unterstützung des Fernsehens (WDR) und der staatlichen Filmförderungsanstalt erfolgreich verfilmt worden, wobei die zurückhaltende Darstellung der Katharina durch Angela Winkler vermutlich wesentlich zum Erfolg beitrug. Diese Verfilmung, die als Kinofilm wie als Fernsehfilm (ab 1977) Millionen von Zuschauer indirekt mit Bölls Erzählung vertraut machte, kann als weitere Form der Rezeption dieser Erzählung angesehen werden. Allerdings ist die epische Textgestaltung Bölls dabei aufgrund der anders gearteten filmischen Ausdrucksmöglichkeiten verändert worden: Während Böll die Handlungssukzession umstellt und wiederholt durch Kommentare unterbricht, zudem unterschiedliche Sprachformen miteinander kombiniert, legen der Filmregisseur V. Schlöndorff und die Drehbuchautorin M. von Trotta (mit Zustimmung Bölls) Wert auf eine geschlossene, durchgehende Handlung; nur zweimal wird diese durch Rückblenden unterbrochen. Auf die Vorgeschichte Katharinas und damit auf die Darstellung ihrer allmählichen Selbstbehauptung wird aber weitgehend verzichtet. Die Filmemacher wollten keinen literarischen Text verfilmen, sondern die hierin gebotene Wirklichkeit filmisch darstellen. Hauptmittel dazu ist neben der durchgehenden Handlung die Personalisierung des Geschehens, die Umsetzung der Erzähleinheiten um die einzelnen Hauptfiguren in Handlungseinheiten mit kleineren oder größeren Figurengruppen sowie die Verstärkung der Schwarzweißzeichnung der Figuren. Das erforderte den Wegfall des Erzählers und der durch ihn vertretenen ironischen Relativierung der Vorgangsschilderungen ebenso wie eine Verstärkung des bei Böll durch die Erzählweise gedämpften und melodramatischen Charakters im Film, der durch die eingespielte Musik Hans Werner Henzes zusätzlich an Wirkung gewinnt. **Böll appelliert an das Rational-Kritische, Schlöndorff arbeitet mit Affekt.**[64]

Zur verstärkten Ausarbeitung des Kommerziellen im Film kam eine Verschärfung des politischen Affronts, die dem 1975 (nach der Lorenz-Entführung) verschärften politischen Klima entsprechen sollte und von Böll gebilligt wurde, der im Film **das Pathetische, Politische, Aktuelle** stärker als im Buch realisiert sah[65]. Auch die Kritik an der Kirche wurde durch Einführung der Klosterszene erweitert; Tötges' Beerdigung, die ebenfalls zusätzlich eingebaut ist, wird allerdings zur Satire auf die ZEITUNG und die sie stützenden Wirtschaftskreise (Lüding) genutzt.

Die unterschiedliche Rezeptionsweise von literarischer Texterfassung und filmischem Bildergenuss ist zusätzlich zu den Arbeiten von H. Fischer-Kesselmann (1984) und A. Kuhn (1987) durch eine literarische Kontroverse zwischen Fischer-Kesselmann und W. Faulstich (in ***Diskussion Deutsch,*** 1984) bewusst gemacht worden. Während Fischer-Kesselmann die utopische Fiktionalität und größere Anregung zur Reflexion im literarischen Text betont (vgl. Kap. 5.2), hebt Faulstich die größere Aktualität und politische Wirkung des Films und der Filmsprache hervor.

7.4 Die Rezeption in der Literaturwissenschaft

Die Rezeption eines literarischen Werkes spiegelt sich zu einem beträchtlichen Teil auch in seiner literaturwissenschaftlichen Erforschung und Erschließung. Von ihr ist zumeist der literarische Rang, die Bewertung seiner Qualität, abhängig. BÖLLS Erzählung *KATHARINA BLUM* ist sogleich nach ihrem Erscheinen zum Gegenstand wissenschaftlicher Forschung geworden. Dabei sind manche Ergebnisse der Rezensionen von der Literaturwissenschaft aufgegriffen und erweitert worden. So haben z. B. Heinrich Herlyn (^{3}1988), Heidemarie Fischer-Kesselmann (1984), Juliane Köster (1988) und Werner Zimmermann (1988) die Diskussion um die Figur und Rolle der Katharina erneut erfasst und vertieft. Während etwa J. Köster die Gestalt Katharinas unter den didaktischen Aspekten der Schüleridentifikation neu reflektiert (worauf später [Kap. 8.1] noch zurückzukommen ist) und H. Fischer-Kesselmann die Komplexität der Figur im Gegensatz zu ihrer Filmadaption erläutert, hebt H. Herlyn den Ordnungssinn und die planende Rationalität Katharinas ebenso hervor wie ihre vorbildliche Menschlichkeit und Hilfsbereitschaft, aber auch die überraschende Plötzlichkeit ihrer Liebesbeziehung und ihre erotisch geprägte Sensibilität. W. Zimmermann hingegen greift den dreifachen Angriff der ZEITUNG gegen Katharina auf, und zwar in politischer Hinsicht mit dem Vorwurf der linksextremen Radikalität, ökonomisch mit der Unterstellung unrechten Vermögenserwerbs und in Hinsicht auf die sittliche Integrität mit der Beschimpfung als Räuberliebchen, ja als Dirne, und widerlegt diese Vorwürfe im Einzelnen anhand sorgfältiger Textanalysen. Zimmermann setzt sich auch mit Reich-Ranickis psychologischer Deutung und seiner Betonung des Zusammenbruchs, der Hilflosigkeit und Ohnmacht Katharinas auseinander, der er ihr konsequentes Handeln aus der Treue und dem Stolz ihres Charakters gegenüberstellt, wobei auch die thematische Folgerung der Gegengewalt gegen Gewalt und die literarische Konsequenz des Mordes als Satire hervorgehoben werden.

Unter feministischen Aspekten wird die Figur Katharinas durch K. Huffzky (1975) sowie in den ausländischen Arbeiten von C. W. Ghurye (1976), W. Aamold (1976) und K. G. Silén (1983) beleuchtet, wobei stets ein Vergleich mit anderen Frauengestalten BÖLLS, besonders mit Leni Pfeiffer aus *GRUPPENBILD MIT DAME* vorgenommen und die zunehmende Emanzipation der Figuren hervorgehoben wird. Ein anderer thematischer Aspekt in der Forschungslitereatur ist das Thema der Massenpresse und der polizeilich-gesellschaftlichen und publizistischen Gewalt, das in BÖLLS Text deutlich gemacht wird.

Während G. Wirth (1975) und J. Zipes (1977) mehr den politisch-gesellschaftlichen Hintergrund des Textes betonen, der DDR-Autor G. Wirth wie schon zuvor der Rostocker BÖLL-Forscher H. J. Bernhard unter einseitigen marxistischen Vorzeichen, gehen Hanno Beth (1975) und Jochen Vogt (1978, ²1987) genauer auf die publizistische Gewalt in der Massenpresse ein, auf die auch F. Kicherer (1981, ³1989), W. Zimmermann (1988) und J. H. Reid (1991) in ihren Arbeiten zurückkommen. Besonders H. Beth erläutert BÖLLS Absicht, am fiktiven Beispiel publizistische Methoden der Boulevardpresse und ihre Gewaltausübung zu denunzieren, sehr gründlich und zeigt auf, wie die strukturelle Gewalt des publizistischen Rufmords die personale Gewalt im Mord an dem Urheber des Rufmordes auslöst; J. Vogt dagegen analysiert den Gegensatz von **struktureller Gewalt** und **gestörter Idylle.**

Von mehr nebensächlicher Bedeutung ist die Rolle des Karnevals in diesem Text, die Y. Holbeche (1985) und R. Hillmann (1986) im Anschluss an die Arbeit des russischen Autors M. Bachtin **Literatur und Karneval. Zur Romantheorie der Lachkultur** (1965) untersuchen. Eine Reihe anderer Forschungsbeiträge beschäftigt sich mit den eher formalen Problemen der Textgattung, der Textkonstitution und der Sprache dieses Textes.

So konfrontiert M. M. Sinka (1981) den Text mit den verschiedenen Kriterien, die eine Bestimmung als Novelle ermöglichen. W. S. Sewell (1982) entwirft ein Aufbauraster des Textes, das auch W. Zimmermann (1988) wieder aufgreift (vgl. Kap. 2.2).

Erzählhaltung und Sprache werden – außer in den eher peripheren Würdigungen bei vielen Autoren der BÖLL-Forschung – besonders von D. Sölle (1974), R. Nägele (1976), G. Ludwig (1977, ⁸1990), E. Scheiffele (1979) und W. Zimmermann (1988) ausführlich untersucht, wobei zumeist die in der Rezension Joachim Kaisers in der *Süddeutschen Zeitung* (**Liebe und Haß der heiligen Katharina –Heinrich Bölls** *WIE GEWALT ENTSTEHEN UND WOHIN SIE FÜHREN KANN,* 10./11. 8. 1974) als **hemdsärmelig** und **schlampig** kritisierte Sprache als bewusst konstruierter ironischer und satirischer Ausdruck und gleichzeitig als kritische Spiegelung der **Umgangssprache des *bundesdeutschen* Normalbürgers**[66] herausgestellt wird.

Die Figur des Erzählers bzw. Berichterstatters wird schließlich von M. Durzak (der auch BÖLL selbst dazu befragte) in mehreren Arbeiten (1971, 1975, 1976) analysiert, wobei dessen Rolle als Stoffaufbereiter und Kommentator, der den ursprünglichen Pamphletcharakter des Textes überspielt, im Vergleich mit anderen BÖLL-Texten subtil herausgearbeitet wird.[67]

Unterrichtshilfen

1 Didaktische Aspekte

Die Einbeziehung von Bölls *Katharina Blum* in den Lektüreplan des Deutschunterrichts bedarf kaum noch einer Legitimierungsreflexion, die inzwischen von mehreren Autoren geleistet worden ist. Nach einer recht kritischen Sichtung der Böll-Behandlung im Unterricht 1972 durch Jochen Vogt[68], der vor allem die ahistorische Behandlung der Kurzgeschichten der Kriegs- und Nachkriegszeit rügt, hat insbesondere Klaus-Michael Bogdal[69] (1982) eine Reihe von literaturdidaktischen Argumenten vorgebracht, die für die Lektüre der *Katharina Blum* in der Schule sprechen. Sie seien hier thesenförmig zusammengestellt und erläutert (Kursivdruck in Bogdals Text). Bölls Text, den er neben Plenzdorfs *Die neuen Leiden des jungen W.* und Christiane F.'s *Wir Kinder vom Bahnhof Zoo* aus der Literatur der 70er-Jahre zu den neuen *Lektüre-Klassikern* in der Schule zählt, erfüllt nach Bogdals Sicht folgende literaturdidaktische Voraussetzungen:

1. Er besitzt *Aktualität,* Zukunftsbedeutung und Exemplarität. Unter Aktualität als didaktischem Kriterium versteht Bogdal das **Begreifen des Neuen, vielleicht auch des Sensationellen in seiner Bedeutung für eine Veränderung der Situation des Individuums.** Sie schließe **Betroffenheit als zu lösende (bewältigende) emotionale oder intellektuelle Anspannung ein.** Sie sei zudem *exemplarisch,* weil hier **Erfahrungen und Konflikte, besser: ein Lernprozeß zum Gegenstand des Lernens gemacht und zukünftige analoge Situationen antizipiert werden.** Bogdal sieht hier zudem das **Projekt einer *Pädagogik sozialer Emotionalität:*** Der Text **lehrt das Zeigen von Wut, Ohnmacht und Trauer. Affektives Ziel bleibt jedoch die Geduld mit den Schwachen und die Ungeduld gegenüber den Mächtigen.**

   Mit dieser Zielsetzung ist das zweite Argument Bogdals eng verknüpft:
2. Bölls Text ist durch das Kriterium der *Zugänglichkeit* ausgezeichnet. Bogdal versteht darunter Kürze, transparente Erzählstruktur und besonders die Möglichkeit der **Identifikation mit dem Schicksal der Titelfigur (das stärkste Moment).** Unterrichtserfahrungen ergaben, dass sich Jugendliche in der Geschichte der Verletztheit, Schutzlosigkeit und Verwirrung, aber ebenso in der Bewahrung der inneren Autonomie, die durch die äußere Zerstörung der Privatsphäre nicht angetastet werden kann, wiederfinden. **Die Schüler ertragen die Konfrontation von Macht und Ohnmacht nicht zuletzt deshalb, weil die Erzählung mit dem Scheitern verfaßter Ordnung zugleich auch Handlungsalternativen zur Abwendung gewaltsamer Konfrontationen nahelegt.**
3. Bölls Text ist geeignet, die literarästhetische Diskussion über die Weiterführung realistischer Literatur in der Dokumentarliteratur zu fördern.

Bogdal betont hier BÖLLS verspätetes Aufgreifen der Diskussion der 60er-Jahre, in der die gesellschaftliche Relevanz fiktiver Literatur in operativen und dokumentarischen, d. h. bewusst antiliterarischen Formen gefordert wurde (so von WALSER, ENZENSBERGER, HOCHHUTH u. a.). BÖLL habe jedoch ebenso Elemente der neuen **Innerlichkeitsliteratur** (etwa das **Bemühen um Autonomie des Subjekts, die Neigung zu einem dualistischen Weltbild u. a.**) wie auch Anregungen WALRAFFS sowie ältere Montage-Techniken verarbeitet, z. T. dies aber auch mit **traditionellen realistischen Erzählmitteln (Typisierung von Figuren, literarische Zufälle, satirische Mittel)** überlagert, wodurch der Text **emotionales Gewicht** erhalten habe, **d. h. reliterarisiert** worden sei.

4. BÖLLS Text eignet sich gut zum Vergleich mit analogen Texten.
   Literatur werde so in ihrer Historizität erfasst; **gegenwärtiges Schreiben als Auseinandersetzung mit der literarischen Tradition erfahren** (vgl. das folgende Kapitel).
5. Der Text bietet **vielschichtiges Material** für die **Bewußtmachung emanzipatorischen und manipulativen Sprachgebrauchs** (vgl. Kap. 3.1.3 u. 6).
6. Der Text bietet Anlässe zur inhalts- wie sprachkritischen Auseinandersetzung mit den Massenmedien, insbesondere den Boulevardzeitungen (ursprünglich nur *Bild*-Zeitung), aber auch den Fernsehsendungen. Auch im Hinblick auf dieses Kompetenz und Emanzipation fördernde Lernziel habe die Erzählung BÖLLS **ihre bedrückende Aktualität und emotionale Wertung** nicht verloren. Zugleich kann an ihr das Modell einer dokumentarischen, nachprüfenden, Zusammenhänge darstellenden, nach Ursachen gesellschaftlicher Prozesse fragenden Information gewonnen und die Form herrschender Informationspraktiken grundsätzlich in Frage gestellt werden.
   Soweit die Gedanken Bogdals, die vor allem durch emanzipatorische Lernziele bestimmt sind. Sie können m. E. durch zwei weitere Argumente ergänzt werden:
7. BÖLLS Erzählung ist geeignet an die Lese- (und Fernseh-)gewohnheiten der Schüler anzuknüpfen (Kriminal- und Frauengeschichten der Trivialliteratur und von Boulevardzeitungen) und diese im Kontrast mit BÖLLS Erzählung kritisch zu erörtern.
8. BÖLLS Erzählung ist ferner geeignet Ansätze der Literaturkritik und Literaturbewertung kritisch zu vermitteln. Hierzu eignen sich etwa Vergleiche gegensätzlicher Rezensionen mit Partien des Originaltextes, wobei auch die Rolle der Subjektivität und der (kommerziellen) Parteilichkeit in der Literaturkritik diskutiert werden kann.

2 Didaktisch-methodische Literatur

Bölls *Katharina Blum* gehört zu den Texten, zu denen eine verhältnismäßig reiche literaturdidaktische Literatur vorliegt, die sowohl didaktische Aspekte zu dieser Erzählung eröffnet als auch Vorschläge zur Unterrichtsgestaltung enthält.

In den zwanzig Jahren seit der Edition des Textes sind acht verschiedene Konzepte erschienen, von denen sechs in den ersten zehn Jahren nach Erscheinen des Textes publiziert wurden (s. Lit. Verz.). Diese beträchtliche Zahl didaktisch orientierter Interpretationen und Unterrichtsentwürfe zeugt von dem regen Interesse, das dieser Text bei Lehrern und Schülern gefunden hat. Obwohl sich in dieser Literatur bestimmte Aspekte und Vorschläge wiederholen, haben wir es hier mit unterschiedlichen Ansätzen und Schwerpunkten zur Erschließung dieses Böll-Textes zu tun.

So nennt Gerd Ludwig (1976, [2]1990) seine didaktisch ausgerichtete Untersuchung **Sprache und Wirklichkeit in Bölls Erzählung *Die verlorene Ehre der Katharina Blum*** im Untertitel **Eine literarische Auseinandersetzung mit dem Sensationsjournalismus** und konzentriert sich dementsprechend vor allem auf **das sprachliche Verfahren des Erzählers** wie auch der ZEITUNG und vergleicht sie mit der ***Bild***-Zeitung. Karl Ebert, der knappe Unterrichtssequenzen zur unterrichtlichen Erschließung dieses Textes im Rahmen verschiedener Vorschläge zur *Romanbetrachtung* im Deutschunterricht bietet ([2]1971), setzt vor allem den Einbruch in die Privatsphäre durch Polizei und Zeitung, den Gewaltbegriff und den Textaufbau in den Mittelpunkt des Unterrichtsverfahrens.

Heinrich Peuckmann (1977) hingegen hebt ausschließlich Bölls ***Spiegel***-Artikel, den Bericht über den Düsseldorfer Rentner Heinrich Böll und die Staeck-Collage über Prof. Karl Carstens hervor.

Klaus-Michael Bogdal ([3]1982) überschreibt seine didaktischen Hinweise auf *Katharina Blum* mit der Zwischentitelzeile **Die Geburt eines Schulklassikers aus dem Ungeist der siebziger Jahre** und reflektiert sodann die Aktualität und Exemplarität des Textes, seine Zugänglichkeit und sein Identifikationspotenzial und den Sprachgebrauch.

H.J. Skorna (1978) sieht in *Katharina Blum* einen Modellfall für eine Literatursoziologie im Unterricht, während Juliane Köster (1988) die Identifikation der Schülerinnen mit der Figur Katharinas zum Ausgangspunkt der Texterschließung wählt. Eine umfangreiche handlungs- und sprachorientierte Interpretation bietet schließlich Werner Zimmermann (1988). Unterschiedlich ist bei den verschiedenen Unterrichtsentwürfen auch der jeweilige Einstieg in die Unterrichtsreihe. So schlägt Ludwig bei einer Unterrichtseinheit von 10–12 Stunden das Ausgehen von der Textkonstruktion und den Textmerkmalen vor, während F. Kicherer von Kommunikationsmodellen ausgeht und erst später auf die Texteigenheiten zurückkommt.

K. Ebert versucht den Einstieg in das Thema mit einer allgemeinen Zeitungsanalyse, insbesondere von Boulevardzeitungen, wogegen H. Peuckmann mit der Analyse des *Spiegel*-Artikels von BÖLL anfängt. J. Köster diskutiert zunächst die Lektüre-Eindrücke der Schüler, die das **Extreme** und **Kontroverse,** nämlich Tötges' ZEITUNGs-Artikel und die Figuren Göttens und Beizmennes aufgriffen.

W. Zimmermann beginnt seine **Fragen und Aufgaben zur Erschließung des Textes** mit der Erklärung der **soziopolitischen Voraussetzungen des Textes,** nämlich des **innenpolitischen Klimas** in der Bundesrepublik zu Beginn der 70er-Jahre und der Bedeutung des *Spiegel*-Aufsatzes und der Brückner-Episode für die Textentstehung, und geht erst in einem zweiten Komplex auf die Textstruktur ein.

Diese Übersicht zeigt, dass BÖLLS Erzählung sowohl in den Akzenten der didaktischen Erschließung als auch im methodischen Vorgehen verschiedene Zugänge erlaubt. Der Text ist also – wie die meisten literarischen Texte – weder in der Thematik noch in der Formstruktur so beschaffen, dass er ein bestimmtes unterrichtliches Verfahren determinieren würde. Wichtig ist nur, dass der Lehrer im Unterricht die relevanten Aspekte des Textes ausführlich und systematisch geordnet zur Sprache bringt und so die Texteindrücke der Schüler klärend vertieft.

3 Unterrichtsreihen

Der literaturdidaktische Kontext ist für die Literaturvermittlung im Unterricht von großer Wichtigkeit. Im Vergleich mit problem- und formalanalogen Werken können Eigenheiten und Abweichungen eines Textes hervorgehoben und evident gemacht werden.

Zu *KATHARINA BLUM* bieten sich folgende kürzere oder längere Unterrichtsreihen an:

1. Motivähnliche Texte um die Verletzung oder Zerstörung der Ehre, z. B.
   LESSINGS *MINNA VON BARNHELM* (1767),
   SCHILLERS *VERBRECHER AUS VERLORENER EHRE* (1785),
   KLEISTS *MICHAEL KOHLHAAS* (1810)
   BRENTANOS *GESCHICHTE VOM BRAVEN KASPERL UND DEM SCHÖNEN ANNERL* (1858),
   FONTANES *SCHACH VON WUTHENOW* (1883),
   SCHNITZLERS *LEUTNANT GUSTL* (1901),
   BÖLLS *KATHARINA BLUM* (1974).
2. Texte, die die Unterdrückung und Entehrung von Frauen darstellen, z. B.
   LESSINGS *EMILIA GALOTTI* (1772),
   SCHILLERS *MARIA STUART* (1801),
   HAUPTMANNS *ROSE BERND* (1903),
   SCHNITZLERS *FRÄULEIN ELSE* (1924),
   WEDEKINDS *LULU/DIE BÜCHSE DER PANDORA* (1904),
   BRECHTS *MUTTER COURAGE* (1941),
   BÖLLS *KATHARINA BLUM* (1974).

3. Texte, in denen ein Wandel der Frauendarstellung Bölls sichtbar wird, z. B.
Und sagte kein einziges Wort (1953),
Haus ohne Hüter (1954),
Das Brot der frühen Jahre (1955),
Gruppenbild mit Dame (1972),
Katharina Blum (1974).

Für eine verkürzte Unterrichtsreihe, etwa in Klasse 10 oder im Grundkurs der Sekundarstufe II, erweist sich auch eine Kombination der Erzählung Bölls mit nur einem Kontrastbeispiel aus den vorgenannten Textreihen oder mit einem motivähnlichen oder sujetgleichen Beispiel aus der Trivialliteratur als sinnvoll.

4 Unterrichtssequenz

Vorbemerkung
Im Unterschied zu den Unterrichtsvorschlägen in der bisherigen didaktischen Literatur wird hier vorgeschlagen von den Erfahrungen der Schüler mit Kriminalliteratur, wie sie in Kriminalromanen und -filmen konsumiert wird, auszugehen um den Kontrast zu Bölls Erzählung herauszuarbeiten. Danach sollen Handlungsstruktur und Textaufbau untersucht und Funktionen und Erzählweise des Berichterstatters (Erzählers) und die Gegensätze der Geschehnisse und Personen sowie die Sprachmischungen analysiert werden. Erst zuletzt werden (im Lk) Entstehungsanlässe sowie der Pamphlet- und Kunstcharakter des Werkes erörtert.

Für die Behandlung in der Sek. I (Kl. 10) und im Gk werden 8 Stunden vorgesehen, für die erweiterte Besprechung im Lk 10–12 Stunden. Sollte Schlöndorffs Verfilmung zur Verfügung stehen, so können die Unterschiede in Darstellung und Darstellungsabsicht in besonderen Unterrichtsstunden behandelt werden, jedoch stets nach der Textbesprechung, weil sonst die Filmeindrücke die Lektüreeindrücke überdecken.

Der Text wird etwa 8–10 Tage vor Beginn der Unterrichtssequenz ganz gelesen, die Schüler sollten dabei eine synoptische Übersicht über den Ablauf der Ereignisse anfertigen.

Verwendete Abkürzungen:
GA = Gruppenarbeit
Gk = Grundkurs
HA = Hausaufgabe
KRef = Kurzreferat
UG = Unterrichtsgespräch
Lk = Leistungskurs
LV = Lehrervortrag
SchRef = Schülerreferat
UG = Unterrichtsgespräch

Stunden	Thema	Didaktische Aspekte (Inhalte/Ziele)	Methodische Realisierung/ Verlauf
1.	Arten der Kriminalerzählung im Vergleich zu Bölls Erzählung	*Katharina Blum* als Kriminalgeschichte besonderer Art	1. Erarbeiten von Struktureigenheiten von Kriminalgeschichten (UG) 2. Differenzierung zwischen Verbrechensgeschichte und Detektivgeschichte (bzw. -film) (UG) 3. Reflexion über das Leser- bzw. Zuschauer-Interesse an Kriminal- und Detektivgeschichten (UG) 4. Vergleich von *Katharina Blum* mit anderen Kriminalgeschichten; Festhalten von Unterschieden (UG oder GA)
2.	Vergleich der Handlungsstruktur mit dem Textaufbau	Die Umgestaltung der Handlungsstruktur in der Darbietungsform durch den Erzähler	1. Herausarbeiten der Zeitfolge der Geschehnisse, einschließlich der *Rückblenden* und *Sprünge* im Text (UG oder GA) 2. Rolle des Berichterstatters (Erzählers) bei Abweichungen in der zeitlichen Abfolge (UG) 3. Absicht des Erzählers (UG) 4. Willkürlicher oder geplanter Textaufbau?
3.	Die Aktionen gegen Katharina Blum	Zusammenstellung und Bewertung der Provokationen Katharinas	1. Die Ausgangslage am Mittwochabend (UG) 2. Ziel und Verlauf der Polizeiaktionen gegen Katharina (UG) 3. Die Rolle der ZEITUNG und ihre Methoden (GA/UG) 4. Die Formen der Gewalt, ihre Berechtigung und ihre Grenzen (UG)

	Hausaufgabe
Zu 1. Sammeln von Leseerfahrungen mit Krimis. Zusammenstellen der Arten von Krimis, Arten häufiger Verbrechen in Krimis, Western als Crime-Storys m. Selbstjustiz, Krimireihen u. -serien, Krimis als Rätsel Zu 2. Schwerpunkte der Verbrechensgeschichte und der Detektivgeschichte (Polizei: Privatdetektive, Bekanntgabe der Verbrechen (Presse), Aufdeckung Zu 3. Warum lesen (bzw. sehen) so viele Menschen Krimis? Zu 4. Ist Bölls Erzählung eine Kriminalgeschichte? Worin stimmt sie mit üblichen Krimis überein? Worin nicht? Welche Verbrechen kommen hier vor? Wie werden sie bekannt?	1. Zusammenstellung der Argumente in Thesenform (Einzelsätze), die a) für Bölls Erzählung als Krimi sprechen, b) die dagegen sprechen (evtl. GA) 2. Vergleich der Zeitstruktur mit dem Textaufbau
Zu 1. Stellen Sie die zeitliche Abfolge der Handlung und die Inhalte der Kapitel zusammen und vergleichen Sie die Abweichungen! Zu 2. Wodurch entstehen diese Abweichungen? Wie rechtfertigt sie der Berichterstatter (Erzähler)? Zu 3. Welche Wirkung und welchen Sinn haben diese Abweichungen? Zu 4. Kann man im Textaufbau eine bestimmte Ordnung erkennen? Wie ist die Meinung des Autors darüber (s. Mat. 1) zu bewerten?	Wie kann man sich den Erzähler vorstellen? oder: Chronologie der Aktionen gegen Katharina
Zu 1. Warum wurde Götten nicht rechtzeitig verhaftet? Zu 2. Warum wird Katharina verhört? Inwiefern widerlegt sie die Vorurteile über sie? Verhalten sich die Beamten korrekt? Sind die Verhöre informativ für die Polizei? Für den Leser? Zu 3. Warum ist Katharina für die ZEITUNG interessant? Kennzeichnen Sie die Methoden der ZEITUNG bei der Berichterstattung! Worin sind sie Beispiele für schlechten Journalismus? (Vgl. die **Grundsätze des Deutschen Presserates** [s. Mat. 2]) Zu 4. Welche Formen von Gewalt werden in Bölls Erzählung sichtbar? Sind sie berechtigt?	Vorbereitung einer Charakteristik Katharinas

Stunden	Thema	Didaktische Aspekte (Inhalte/Ziele)	Methodische Realisierung/ Verlauf
4./5.	Katharina Blum und ihr Verhalten	Erfassen der Hauptfigur in ihrem Charakter und ihrem Verhalten während der Herausforderungen	1. Erleben und Verhalten Katharinas bei der Festnahme (GA/UG) 2. Katharina während der Verhöre (GA/UG) 3. Vorbereitung und Ausführung der Mordtat (GA/UG) 4. Motivation der Mordtat (UG) 5. Verhalten nach dem Mord (GA) 6. Die **verlorene Ehre** (UG/KRef)
6.	Katharinas Freunde	Charakteristik und Rollenbestimmung der Freunde Katharinas	1. Göttens Charakter (UG) 2. Wesen, Stellung und Entwicklung der Blornas (GA/UG) 3. Katharinas *Tante* Else Woltersheim (GA/UG) 4. Sträubleder? (UG)
7.	Die Sprache in Bölls Erzählung	Erfassen der Sprachmischung und ihrer Funktion	1. Erfassen der verschiedenen Spracheigenheiten und der Textmontage (GA/UG) 2. Differenzierung zwischen *subjektiver* und *objektiver* Darstellung (UG/GA) 3. Kennzeichnung ironischer Sprechweisen und ihrer Funktion (GA/UG) 4. Die Sprache der ZEITUNG (GA/UG)

	Hausaufgabe
Zu 1. War Katharinas früheres Leben konfliktfrei? Welche sind die wichtigsten Charakterzüge Katharinas? Warum hieß sie die **Nonne?** Wie sieht sie Götten? Was bedeuten *Treue* und *Stolz* für sie? Zu 2. Wodurch macht sie sich strafbar? Wie sieht die Polizei Götten? Verhalten sich die Beamten korrekt? Warum verschweigt K. Sträubleder? Warum wird ihr Schutz vor der ZEITUNG versagt? Zu 3. Welche Erlebnisse K.s führen zu Tötges' Erschießung? (Vgl. Kap. 36) Warum verwüstet K. ihre Wohnung? Was bedeuten und bewirken die Anrufe und die Post? Was bedeutet das Heimatdorf und der Tod der Mutter für K.? Wie verhält sich K. zu ihren Freunden? Zu 4. Wodurch wird die Mordtat motiviert? Ist es ein Mord? (KRef) Gibt es mildernde Umstände für K.? (GA) Psychologische (vgl. **Verstörtheit**), thematische (**Gewalt**) und sprachsensitive (**bumsen**) Gründe? Zu 5. Wie verhält sich K. nach der Tat und im Gefängnis? Zu 6. Was bedeutet hier *Ehre* allgemein, für K.? (Exkurs: in anderen lit. Werken? KRef) Worin besteht der Verlust der Ehre für K.?	Erörterung: Ist Katharina eine Idealgestalt? Vgl. Sie dazu Bölls Urteil über sie! (s. Mat. 3)
Zu 1. Ist Götten sympathisch? Zu 2. Wie muss man sich Herbert Blorna vorstellen? Was tut er für K. vor und nach der Mordtat? Wie ist seine spätere Persönlichkeitsveränderung zu erklären? Ist Trude Blorna anders als ihr Mann? Zu 3. Ist Else Woltersheim K.s Vertraute? Könnte sie ihr besser helfen? Zu 4. Welche Rollen kommen hier Sträubleder zu? Könnte er K. helfen?	Aufsatzskizze: Wie kann Blorna K. verteidigen?
Zu 1. Welche unterschiedlichen Sprachformen (Ausdrucksweisen) lassen sich hier ermitteln? (Quellenbeschreibung, Erzählerbericht, Erzählerkommentar, versch. Figurenreden, Protokolle, ZEITUNGsberichte) Wortwahl der Figuren? Zu 2. Welche Textteile wirken *objektiv*, welche *subjektiv?* Zu 3. Wo wirkt der Text ironisch? Weshalb? Funktion der Ironie? Zu 4. Formen der ZEITUNGssprache? Welche Funktion haben die Zeugenreden und die rhetorischen Fragen?	Sprachliche Analyse des 25. Kapitels (oder des 42. Kapitels)

Stunden	Thema	Didaktische Aspekte (Inhalte/Ziele)	Methodische Realisierung/ Verlauf
8.	Bölls Darstellungsabsichten	Erfassen der satirischen und zeitkritischen Züge des Textes	1. Erörterung möglicher Darstellungsabsichten Bölls (UG) 2. Erfassen satirischer Züge und ihrer Sprache (UG) 3. Vergleich zwischen der ZEITUNG und heutigen Boulevardzeitungen (GA/UG) 4. Folgerungen aus Bölls Erzählung (UG)

Additum für den Leistungskurs

Stunden	Thema	Didaktische Aspekte (Inhalte/Ziele)	Methodische Realisierung/ Verlauf
9.	*Katharina Blum* – Pamphlet oder Kunstwerk?	Erarbeiten der Zusammenhänge zwischen den Erzählanlässen und der Textrealisation	1. Der *Terrorismusstreit* zwischen Böll und der Springer-Presse (KRef u. UG) 2. Der Fall Brückner und Böll (UG) 3. Bölls Erzählung – ein Racheakt und Pamphlet? (UG) 4. Der literarische Wert des Textes
10.	Die literarische Kritik zu Bölls Erzählung	Erfassen der Vorzüge und Schwächen der Erzählung aus einzelnen Rezensionen und Erkennen der Parteilichkeit und Subjektivität der Kritiken	1. Zusammenstellung möglicher Kritikpunkte (UG) 2. Analyse von Rezensionsbeispielen (s. Mat. 6) (GA/UG) 3. Zusammenstellung von Wertungskriterien (UG) 4. Erörterung von Ursachen für die Differenzen in den Kritiken (UG)
11./ 12.	Die Verfilmung von *Katharina Blum*	Herausarbeiten der Unterschiede zwischen dem Lesetext und der Verfilmung	1. Filmvorführung 2. Ermitteln der Unterschiede zwischen Film und Erzählung 3. Erörterung der unterschiedlichen Wirkungsintentionen 4. Grundsätzliches zu Literaturverfilmungen

	Hausaufgabe
Zu 1. Ging es Böll hier mehr um eine Schicksalsdarstellung oder um Gesellschafts- und Zeitkritik? Worin könnte die Kritik bestehen? (Kritik an rücksichtsloser Sensationspresse, Telefonabhören, Kumpanei zwischen Polizei und Presse) Zu 2. Was versteht man unter Satire (KRef)? Wo findet sie sich hier? (Kap. 41 u. ö.) Welche sprachlichen Mittel benutzt der Autor dafür? Ist Bölls Erzählung als Ganzes eine Satire? Zu 3. Vergleichen Sie die Texte der ZEITUNG mit einer Boulevardzeitung nach Themenauswahl, Aufmachung, Sprache! Üben Sie Kritik daran anhand der **Grundsätze des Deutschen Presserates** (s. Mat. 2)! Zu 4. Welche Folgerungen kann man aus Bölls Text ziehen? Welche empfahl Böll selbst? (Vgl. Anm. 32 u. Mat. 4)	Verfassen einer Kritik an der ZEITUNG

	Hausaufgabe
Zu 1. Bölls Entwicklung bis 1972 (KRef). Bölls *Spiegel*-Aufsatz (s. Mat. 7, KRef) und die Reaktion darauf (KRef) Zu 2. Inwiefern gibt es Analogien zwischen der Terrorismusfurcht 1972, dem Fall Brückner und Bölls Erzählung? Zu 3. Was ist ein Pamphlet? Ist Bölls Text ein Pamphlet? Entstand es als Racheakt (Was sagt Böll selbst dazu? KRef)? Zu 4. Was berechtigt uns in *KATHARINA BLUM* ein literarisches Kunstwerk zu sehen?	Rezension über den Text
Zu 1. Was erscheint Ihnen in Bölls Erzählung gut gelungen, was nicht? Zu 2. Stellen Sie positive und negative Wertungen aus den Rezensionsbeispielen zusammen! Zu 3. Wonach kann man einen Text wie *KATHARINA BLUM* bewerten? Zu 4. Wie kommt es, dass die Kritiken mitunter stark voneinander abweichen?	Empfehlen Sie einem Freund/einer Freundin in einem Brief die Lektüre von *KATHARINA BLUM*
Zu 2. Wie oft bietet der Film Rückblenden? Ist Katharinas Jugendgeschichte nebensächlich? Zu 3. Inwiefern ist der Film politischer und gesellschaftskritischer als der Text? Zu 4. Kann man Literatur textangemessen verfilmen?	Abfassung einer Filmkritik

5 Arbeitsanregungen

Zusätzlich oder an Stelle der Hausaufgaben kann jeder Schüler allein oder ggf. in einer Kleingruppe (2–3 Schüler) eine der nachstehenden Aufgaben übernehmen:

Kurzreferate (5–10 Minuten)

Die Innenpolitik in der Bundesrepublik Deutschland 1966–1975

Die Entwicklung der Protestbewegungen in der Bundesrepublik Deutschland 1966–1972

Die Anfänge des Terrorismus 1968–1972

Die Entwicklung Heinrich Bölls 1966–1972

Das Schicksal des Professors Peter Brückner

Bölls ***Spiegel***-Aufsatz *Will Ulrike Meinhof Gnade oder freies Geleit?* (Inhaltsanalyse)

Die Reaktionen auf diesen Artikel (s. das Buch von Grützbach u. Mat. 5)

Der Begriff der Ehre und seine Bedeutung einst und jetzt

Der Begriff des Mordes und der strafmildernden Umstände im StGB

Als Kleingruppenarbeiten wären möglich:

Entwurf einer Verteidigungsrede Dr. Blornas für Katharina

Skizze einer Anklageschrift gegen Katharina

Skizze eines psychologischen Gutachtens über Katharina

Entwurf einer Beschwerde über die ZEITUNG beim Presserat

Skizze einer möglichen Verteidigung des Journalisten Tötges gegen diese Beschwerde (vgl. Art. **Ehrenschutz** im Wörterb. d. Publizistik)

J. Köster (1988, S. 621) schlägt außerdem verschiedene Rollenspiele vor, die die Situation darstellen sollen, durch die der tödliche Konflikt hätte vermieden werden können, z. B.

a) ein formaleres Verhalten Katharinas im Verhör, bei dem sie die Hinzuziehung eines Rechtsanwalts hätte fordern sollen,

b) Katharinas Freunde hätten angesichts der Zerstörung der Wohnung und der Verstörtheit Katharinas ein ernsteres Gespräch mit ihr suchen sollen und

c) auch die eigenen Ängste artikulieren sollen.

6 Klausurvorschläge

Kl. 10 oder Grundkurs:

1. Textanalyse und Umformung

   Textstelle: Kap. 3, S. 9 f.

   a) Differenzieren Sie diesen Text nach *objektiven* und *subjektiven* Angaben.

   b) Charakterisieren Sie die *subjektive* Schreibweise des Erzählers anhand der sprachlichen Mittel.

   c) Formen Sie die *objektiven* Angaben dieses Kapitels in ein Polizeiprotokoll um.

2. Textanalyse
   Textstelle: Kap. 22, S. 36 ff.
   a) Beschreiben Sie die Textmontage dieses Kapitels.
   b) Analysieren Sie anhand des ZEITUNGs-Textes, auf welche Weise Katharina hier verunglimpft wird.
   c) Analysieren Sie Sprache und Satzstil des ZEITUNGs-Textes.

3. Erörterung: Bölls *Katharina Blum* – eine Kriminalgeschichte?
   a) Worin stimmt Bölls Text mit den üblichen Kriminalgeschichten überein, worin unterscheidet er sich von ihnen?
   b) Wollte Böll eine Kriminalgeschichte schreiben? (Vgl. den Untertitel)

4. Charakterisierungen: Ein Mensch – zwei Ansichten
   a) Zeigen Sie am Beispiel Katharinas ihre verschiedenen Charakterisierungen auf.
   b) Kennzeichnen Sie die Stilformen, in denen Charakterisierungen Katharinas erscheinen.
   c) Welches Bild Katharinas ist glaubwürdiger? Weshalb?

Leistungskurs

1. Aufgabe: Klausurvorschlag 1 (Grundkurs) mit folgendem Zusatz:
   d) Wie beeinflusst der Erzähler durch seine Darstellung die Kriminalgeschichte?

2. Erörterung: Welche Rolle spielt die ZEITUNG in Bölls Erzählung?
   a) Allgemeine Kennzeichnung der ZEITUNG und ihrer Berichte
   b) Charakterisierung der Methoden der Berichterstattung an Beispielen
   c) Ist Tötges ein Verbrecher?

3. Erörterung: Katharina Blum – eine tragische Frauenfigur?

4. Erörterung: Bölls *Katharina Blum* ein Welterfolg – warum?
   Erörtern Sie mögliche Ursachen, die die bisherige Verkaufsziffer von rd. 2 Millionen Exemplaren bedingen.
   Berücksichtigen Sie dabei Angaben über den Autor, die Thematik, Stoff und Gattung, den zeitlichen und politischen Hintergrund und den Darstellungsstil.

7 Materialien

Material 1 **Heinrich Böll über die Komposition seiner Erzählung**

M. D.: Nun erinnere ich mich, daß Sie oft geschrieben und gesagt haben, daß alle Ihre Bücher eine sehr diffizile und im einzelnen geplante Struktur haben, besonders auch bezogen auf *Gruppenbild mit Dame*. Wenn ich mir jetzt aber vergegenwärtige, was Sie vorhin über die *Katharina Blum* ausgeführt haben, dann könnte man den Eindruck haben, daß das auf diesen Text nicht zutrifft, daß er nicht genau geplant ist.

H. B.: Er ist sehr genau geplant.

M. D.: Aber was bedeutet das nun? Konkret?

H. B.: Er hat eine ganz andere Struktur als *Gruppenbild*, natürlich. Das kann man schon sehen, wenn Sie es quantitativ messen, nicht den Umfang des Buches, sondern der Kapitel, klein, kurz.

M. D.: Ich würde auch sagen: das Wirklichkeitsspektrum ist kleiner.

H. B.: Ja, ja, die Ähnlichkeit mit *Gruppenbild* liegt mehr in der Attitüde als in der Form.

M. D.: Aber zurück zur Genauigkeit der Planung.

H. B.: Weil es entwickelt ist wie eine mathematische Formel. Analysieren Sie mal den Anfang. Dann die Fortsetzung, wie sich das weiterentwickelt, eine sehr einfache Form, die aber, wie ich finde, logisch entwickelt ist, ganz anders als im *Gruppenbild* in der literarischen Struktur, nicht in der, sagen wir, Stimmlage. Die Planlosigkeit ist eine große Täuschung.

M. D.: Aber vorhin haben Sie doch gesagt: die erzählerischen Reflexionen, die eingeschaltet sind, gehen auf ein gewisses Element von Spielerei zurück, sie sind kein Schlüssel zum Verständnis der formalen Struktur.

H. B.: Nein, ne.

M. D.: Das fällt also weg?

H. B.: Aber natürlich.

M. D.: Sie haben auch gesagt, das Buch sei mehr in der Art eines Plakates als, sagen wir, eines Ölgemäldes entworfen.

H. B.: Man kann auch das planen.

M. D.: Aber das sind doch zwei verschiedene Begriffe von Planung. Planung einmal verstanden im konventionellen Sinne als eine gewisse, im voraus überlegte generelle Struktur …

H. B.: Diese Zwischenbemerkungen – nennen wir das so –, formalistischer oder formaler Art sind eigentlich nur Erholungspausen für den Autor. Ich habe sehr genau registriert irgendwo, wie sich das entwickelt, diese kurzen Passagen, die Längen ziemlich lang im Verhältnis zum Gesamtumfang. Nach meinen Rückanalysen hat es eine Sequenz, Titel, Untertitel, Motto, und da kommt für mich etwas sehr Musikalisches rein. Wenn Sie es so sehen, völlig losgelöst vom Inhalt: *Die verlorene Ehre der Katharina Blum*, dann das Motto der *Bild*-Zeitung, dann kommt die Erzählung. Ich sehe da schon – das müßte ein Musiker beurteilen können, ich bin ja nur ein Hörer von Musik – einen musikalischen Aufbau. Das hat mich überrascht, daß das keiner gemerkt hat, gerade das, was ich Sequenz nenne. Das ist das Thema in drei Formen, in drei Ausdrücken variiert, und dann kommt die Ausführung des Themas, und dann kommen gewisse Zwischenspiele, die formalistischen Bemerkungen, die den Plan auch wieder zerstören, Gott sei Dank. Aber wenn Sie das jetzt analysieren: Wer die erste Stimme hat, wer die zweite Stimme hat, wer die dritte Stimme hat und daß hin und wieder dieser verschwommene Autor seine Spielchen anbringt, dann kann man nicht sagen, daß das Buch nicht strukturiert ist.

(aus einem Interview zwischen Heinrich Böll [= H. B.] und Manfred Durzak [= M. D.], Interv. I, S. 345 f.)

Material 2

Aus den **Grundsätzen des Deutschen Presserates**

Die Grundsätze des Deutschen Presserates sind z. B. abgedruckt in der ***Frankfurter Rundschau*** Nr. 302 vom 29. 12. 1973 (Beilage ***Zeit und Bild*** Nr. 52, S. VII). Die im hier interessierenden Zusammenhang wichtigsten Punkte lauten: Die im Grundgesetz der Bundesrepublik verbürgte Pressefreiheit schließt die Unabhängigkeit und Freiheit der Information, der Meinungsäußerung und der Kritik ein. Verleger, Herausgeber und Journalisten müssen sich bei ihrer Arbeit der Verantwortung für das Ansehen der Presse bewußt sein. Sie nehmen ihre publizistische Aufgabe nach bestem Wissen und Gewissen, unbeeinflußt von persönlichen Interessen und sachfremden Beweggründen wahr.

Diese publizistischen Grundsätze dienen der Wahrung der Berufsethik; sie stellen keine rechtlichen Haftungsgründe dar.

1. Achtung vor der Wahrheit und wahrhaftige Unterrichtung der Öffentlichkeit sind oberstes Gebot der Presse.

2. Zur Veröffentlichung bestimmte Nachrichten und Informationen in Wort und Bild sind mit der nach den Umständen gebotenen Sorgfalt auf ihren Wahrheitsgehalt zu prüfen. Ihr Sinn darf durch Bearbeitung, Überschrift oder Bildbeschriftung weder entstellt noch verfälscht werden. Dokumente müssen sinngetreu wiedergegeben werden. Unbestätigte Meldungen, Gerüchte und Vermutungen sind als solche erkennbar zu machen ...

3. Veröffentlichte Nachrichten oder Behauptungen, die sich nachträglich als falsch erweisen, hat das Publikationsorgan, das sie gebracht hat, unverzüglich von sich aus in angemessener Weise richtigzustellen.

4. Bei der Beschaffung von Nachrichten, Informationsmaterial und Bildern dürfen keine unlauteren Methoden angewandt werden ...

6. Die Verantwortung der Presse gegenüber der Öffentlichkeit gebietet, daß redaktionelle Veröffentlichungen nicht durch private oder geschäftliche Interessen Dritter beeinflußt werden.

Verleger und Redakteure wehren derartige Versuche ab und achten auf eine klare Trennung zwischen redaktionellem Text und Veröffentlichungen zu werblichen Zwecken ...

7. Die Presse achtet auf das Privatleben und die Intimsphäre des Menschen. Berührt jedoch das private Verhalten eines Menschen öffentliche Interessen, so kann es auch in der Presse erörtert werden. Dabei ist zu prüfen, ob durch eine Veröffentlichung Persönlichkeitsrechte Unbeteiligter verletzt werden.

8. Es widerspricht journalistischem Anstand, unbegründete Beschuldigungen, insbesondere ehrverletzender Natur, zu veröffentlichen ...

12. Die Berichterstattung über schwebende Ermittlungs- und Gerichtsverfahren muß frei von Vorurteilen erfolgen. Die Presse vermeidet deshalb vor Beginn und während der Dauer eines solchen Verfahrens in Darstellung und Überschrift jede einseitige oder präjudizierende Stellungsnahme. Ein Verdächtiger darf vor einem gerichtlichen Urteil nicht als Schuldiger hingestellt werden [...]

Material 2

Daß solche Beschwörungen journalistischer Ethik wenig nützen, da es keine Sanktionsinstanzen gibt, hat Günter Herrmann, *Rechtliche Aspekte der journalistischen Arbeit*, in: ***Funk-Korrespondenz*** Nr. 9 vom 28. 2. 1974, S. 8 f. klar erkannt, wenn er schreibt:

Der Skandal-Journalist, der eine nebensächliche Begebenheit zum persönlichen und wirtschaftlichen Schaden eines Beteiligten zum Aufmacher seines Blattes hochstilisiert, und der Redakteur und der Verleger, die diesen Machenschaften nicht widerstehen, *wollen* sich ja nicht an die publizistischen Grundsätze halten! (Hervorhebung im Original)

(aus: H. Beth, Heinrich Böll. Eine Einführung in das Gesamtwerk in Einzelinterpretationen, Regensburg–Königst./Ts. [2]1980, S. 93)

Material 3

Heinrich Böll über Katharina

[...] Ich glaube auch, daß Sie möglicherweise getäuscht werden durch die scheinbare Kritiklosigkeit des Erzählers, so undefiniert er sein mag Katharina gegenüber. Schauen Sie sich dieses Mädchen an! Sie ist eigentlich eine völlig kritiklos dem Wirtschaftswunder, dem materiellen Aufstieg ergebene junge Arbeiterin. Sie hat ja gar keine intellektuelle Dimension ihrem eigenen Leben gegenüber. Ich glaube, es besteht die Gefahr – für mich ist die Sache längst erledigt, ich weiß, wie viele Schwächen sie hat, viele, noch andere – für mich hat das Buch eine ganz andere, eine direkt pamphletische Bedeutung, und das muß man auch legitim finden. Ich glaube, daß man die Katharina zu sehr in der ikonographischen Kategorie sieht. Sie ist keine Heilige. Ich weiß es nicht, der Erzähler weiß es nicht. Sie erfahren es nicht als Leser, warum sie wirklich sich von ihrem Mann getrennt hat – weil es ihr materiell nicht paßte, weil sie aufsteigen wollte. Sie macht eine vollkommen gesellschaftskonforme Karriere. Sogar noch im Gefängnis spekuliert sie auf ein zukünftiges Leben mit ihrem Ludwig in vollkommen konventionellen Kategorien. Sie rechnet sich aus, wie viel Zinsen ihr Geld einbringt in der Zeit, die sie im Gefängnis ist. Sie will ein Hotel aufmachen, eine Gaststätte. Wenn Sie das voraussetzen, dann können Sie vielleicht diesen wirklich verschwommenen Erzähler besser verstehen. Sie ist keine Heilige, und sie ist erst recht keine Heldin. Sie ist eine vollkommen konventionelle, konforme Person unserer, sagen wir, materialistischen Gesellschaft. Sie ist in dem Sinne auch eine Materialistin. Da ist für mich genug Kritisches drin, in ihr selber. [...]

H. B.: Ich setze beim Leser – nennen wir ihn so – genug Sensibilität voraus, sich kritisch dieser Katharina zu nähern. Schauen Sie sich doch an, was sie macht! Sie ist eine ziemlich prüde Person, sie hat fast anankastische Züge. Ihr Einstieg in dieses Verbrechen, das sie begeht, ist fast ausschließlich erotisch bedingt. Sie liebt nun einmal diesen Menschen, zugegeben, auf eine sehr romantische Weise. Aber ich finde sie gar nicht heldenhaft und heilig, wie viele Kritiker sie empfunden haben. Das hat mich überrascht. Und schauen Sie sich den Lebenslauf an, analysieren Sie ihn exakt! Das ist eine reine Karrierefrau, die auf konventionelle Wirtschaftswunderweise ihre Chance erkennt und wahrnimmt, die in ihrem Beruf liegt, sehr intelligent und wachsam einfach auf ihren materiellen Erfolg aus ist. Sie wird – jetzt argumentiere ich psychologisch – in eine solche Sache verstrickt, nicht ganz unschuldig übrigens, sie weiß ja genau, daß der Bruder ein bißchen auf dem Kerbholz hat – das ist für mich der Einstieg, und da ist auch in der so beschriebenen und im Lebenslauf so dargestellten Person die kritische

Annäherung an die Katharina die Voraussetzung für das andere. So untadelig ist das Mädchen gar nicht. **Material 3**

(aus einem Interview zwischen Heinrich Böll [= H. B.] und Manfred Durzak, Anfang 1975, Interv. I S. 327 ff.)

Material 4

Heinrich Böll über die *Moral* seiner Erzählung

Das wäre meine Moral: Mißtrauisch sein, und wenn man zum Opfer wird, sich wehren dagegen, wie weiß ich nicht. Diese junge Dame wählt diesen Weg, den ich nicht empfehlen kann, aber es gibt andere Möglichkeiten, sich zu wehren und die Unfehlbarkeit der Zeitungen permanent in Frage stellen. Das wäre meine Moral.

(aus: Heinrich Peuckmann, Unterrichts-Einheit Heinrich Böll: »Die verlorene Ehre der Katharina Blum oder Wie Gewalt entstehen und wohin sie führen kann«. In: Horst Hensel (Hg.), Unterrichtseinheiten zur demokratischen Literatur. Eine Publikation des »Werkkreises Literatur der Arbeitswelt«, Frankfurt a. M. 1977, S. 42f.)

Material 5

Artikel über den Rentner Heinrich Böll, Düsseldorf

Löwenthals Polit-Schau raubt dem Rentner Böll den Schlaf

(Von Rolf Düdder)

Düsseldorf. **Als die ersten Anrufe kamen, hat mein Vater darüber gelacht,** sagt Frau Heide Berger (48), **jetzt ist er darüber krank geworden.** Der alte Mann hockt auf dem Sofa in seinem kleinen Wohnzimmer und weint. Er traut sich nicht mehr allein auf die Straße. Sein Name ist Heinrich Böll (73).

Mit dem berühmten Schriftsteller, Autor der *Ansichten eines Clowns* und von *Gruppenbild mit Dame*, hat der Rentner nur den Namen gemeinsam. **Ich kenne ihn nicht persönlich,** sagte er. **Er hat mir allerdings schon einmal ein paar Bücher geschickt.**

Schon seit Jahren erhält der pensionierte Heinrich Böll – ehemaliger Nieter im Brückenbau der Firma Demag-AG, Werk Benrath – gelegentlich Briefe, die an den Schriftsteller gerichtet sind. Einmal befand sich sogar das Schreiben eines irischen Verlages darunter.

Heinrich Böll aus Düsseldorf-Hassels erbat daraufhin vom Einwohnermeldeamt in Köln die Anschrift des Schriftstellers. Wenn Briefe kommen, die den Namensvetter betreffen, reicht Böll sie weiter.

Der Schriftsteller bedankte sich im Juni 1970 mit einem Brief und mehreren Büchern, darunter sein *Billard um halbzehn*, *Ansichten eines Clowns* und *Ende einer Dienstfahrt*. Der Rentner Heinrich Böll hat sie sorgfältig aufgehoben, aber: **Gelesen habe ich sie noch nicht.**

Früher war er eigentlich immer etwas stolz auf seinen prominenten Namen. In den letzten Wochen aber kam damit das Unheil über ihn. **Es begann mit der Löwenthal-Sendung im Zweiten Deutschen Fernsehen am 12. Januar.**

Moderator Gerd Löwenthal, der bundesdeutsche Bildschirm-Rechtsaußen, erklärte an diesem Mittwoch im *ZDF-Magazin* über die Baader-Meinhof-Gruppe: **[...] die Sympathisanten dieses Linksfaschismus, die Bölls und Brückners und all die anderen sogenannten Linksintellektuellen, sind nicht einen Deut besser als die geistigen Schrittmacher der Nazis, die schon einmal so viel Unglück über unser Land gebracht haben.**

Material 5

Was Löwenthal mit solchen Formulierungen in der Volksseele anrichtet, bekam Heinrich Böll aus Düsseldorf zu spüren. Ständig melden sich anonyme Anrufer per Telefon: **Du roter Hund, mach, daß du in die Zone kommst, da kannst du soviel rot reden wie du willst,** und **Du Schwein. Du bist der größte Volksverhetzer, den es gibt.** Frau Böll: **Die schlimmsten Beschimpfungen kann ich überhaupt nicht wiederholen. Die habe ich nicht einmal meinem Mann gesagt.**

ZDF-Löwenthal mag stolz auf seine Worte sein, die seine Zuhörer gar zu handfesten Drohungen animierten. Ein Anrufer: **Wir haben genug Mittel und Wege, dir die Knochen kaputtzuschlagen.**

Neben den Anrufen kommen anonyme Briefe, die nicht freundlicher sind. Heinrich Böll legt ein Schreiben mit dem Poststempel aus Hilden vor: **Merke dir, du verdammter Schweinehund und Volksverhetzer, nimm dich in acht und wisse, daß es noch Männer gibt in genügender Anzahl, die darauf achten, daß solche Banditen wie Böll nicht überhandnehmen. Als ehemaliger Amateurboxer werde ich dich zusammenschlagen, wenn ich es für richtig erachte.** Der Brief schließt: **Ich hasse dich aufs Blut, du rotes Luder.**

Seit dieser Flut an Drohungen und Beschimpfungen wagt sich Heinrich Böll nicht mehr vor die Haustür. Er ist mit seinen Nerven am Ende. Mehrfach hat sich die Familie bereits an das Zweite Deutsche Fernsehen mit der Bitte um Hinweis auf die Verwechslung gewandt, aber aus Mainz kam die abschlägige Antwort: **Das können wir doch nicht vom Bildschirm verkünden.**

Heinrich Böll klagt: **Ich bin eben kein wichtiger Mann, und mit Politik habe ich nichts zu tun.** – Er hat, wenn er es selbst auch nicht weiß.

(aus: Westfälische Rundschau, 11. 2. 1976)

Material 6a

Rolf Michaelis: **Nachdenken über die Krankheit unserer Zeit. Der gute Mensch von Gemmelsbroich.**

Dies ist die Geschichte einer Empörung. Ein sanfter Mensch schlägt um sich. Eine junge Frau mit dem Symbolnamen Katharina Blum, von einer rücksichtslos auch das private Leben ihrer Bürger vermarktenden Gesellschaft in die Enge getrieben, richtet die Pistole auf den unschuldig-schuldigen Menschen, in dem sich ihr die Anonymität einer aus *sex and crime* Profit ziehenden Welt verkörpert, auf den skrupellosen Reporter einer Schmierzeitung, der nach dem dramaturgischen Gesetz der Namensgebung in diesem Werk zum Tod bestimmt ist: Werner Tötges [...]

Die 58 Kurzkapitel der Geschichte, in verschiedenen Erzählhaltungen vorgetragen, spielen vom 20. bis zum 24. Februar 1974, vom Vorabend der Weiberfastnacht bis zum Karnevalssonntag, in der **fröhlichen Stadt,** einer Metropole rheinischer Ausgelassenheit, also in Bölls Köln – [...]

Wie bei keinem anderen seiner epischen Werke ist der (auch) biographische Anlaß so genau zu orten. Böll setzt sich – stellvertretend für den Leser – zur Wehr gegen unlautere Formen journalistischer Berichterstattung durch Entstellung, durch Verschweigen.

Dies ist einer der Blickpunkte, unter denen Bölls neues Werk betrachtet werden kann: ein satirisches Pamphlet gegen kriminelle Formen der Meinungsbildung. Der politische Aspekt des Werks, Erziehung zur Empörung gegen offensichtliches Unrecht, Aufklärung lügenhafter Praktiken, in Form von Protokollen und psychologisch-soziologischen Porträts derer, die Böll zu Recht **Rufmörder** nennt – hier spricht sich der moralische Zorn des Autors unmittelbar aus, hier überzeugt er (mich). **Material 6a**

Aber Böll schreibt keinen politischen Aufruf und schon gar nicht ein Manifest, das zur praktischen Nachfolge der verzweifelten Tat Katharinas einlüde, sondern eine zeitkritische Schmähschrift – in Form einer Erzählung, einer scheu vorgetragenen Liebesgeschichte, einer kriminalistisch gewürzten *love story*, also eines epischen Werkes, das sich literarkritischer Beurteilung stellt – und da ist Böll weniger leicht zu folgen. [...]

Bölls Erzählung läßt sich – auch – als kleiner Schlüsselroman der Apo- und der Baader-Meinhof-Zeit entziffern. In einer **Art Räuber- und Gendarmenromantik,** wie Böll in einem der ironisch selbstkritischen Kommentare bemerkt, bündelt die Erzählung fast alle Motive aus den Jahren der politischen, später kriminellen Aktivität der Gruppe um Ulrike Meinhof: [...]

In der Idealisierung seines Blum-Mädchens geht Böll bis an die Grenze des literarisch Zulässigen und Überzeugenden. Während Tötges (**der Kerl von der ZEITUNG**) natürlich **schmierig** ist und Porsche fährt, strahlt die einen gebrauchten VW kutschierende Katharina (griechisch: die Reine) in dem moralischen SUWA-Weiß, das Flecken auf der Seele von Kunstfiguren hinterläßt. [...]

Solche **Ungereimtheiten** machen Katharina zu einer lebensechten Gestalt, zu einer jüngeren Schwester der Leni aus Bölls *Gruppenbild mit Dame.* Zum großen Komplex des Unwahrscheinlichen gehört allerdings die entscheidende Tat, der kalt geplante Schuß auf Tötges. Für die verhörenden Beamten – und für den Leser – verwirrend, Katharina als Charakter aber lebendig definierend, sind ihre stundenlangen Autofahrten durch die Nacht (**Ich bin einfach drauflos gefahren [...] immer nur wenn es regnete [...] Es war wohl auch Angst**). Nicht, daß dies psychologisch nicht glaubhaft wäre, Umkrempelung einer Person durch eine einzige Liebesbegegnung; doch wird die Verwandlung der passiven, ziellos streunenden Frau in eine aktive, ihr Ich bis zum Mord verteidigende Frau nur behauptet, nicht auch literarisch verwirklicht.

Überhaupt läßt sich der Verdacht schwer abwehren, die offensichtlich rasch geschriebene Erzählung, ein Nebenwerk sicher, müsse vom Erzähler durch ein Übermaß an Konstruktion legitimiert werden. Der eindringlich moralische Appell des kleinen Werkes wird durch kokette Struktur, spielerische Verschachtelung, zwinkernde Rück- und Vorblenden fast aufgehoben. Wenig glücklich erscheint (mir) Bölls Bildwahl der **fließenden Quellen,** der **Konduktion statt Konstruktion,** des **Rückstaus** von Pfützengewässern für die verschiedenen Stränge der Erzählung, vor allem dann, wenn dies zu schiefen, auch durch ironischen Sprachgebrauch nicht zu entschuldigenden Metaphern führt wie den **Nebenquellen, ihrer Verstrickung, Verwicklung, Befaßtheit.**

(aus: Die Zeit, 2.8.1974)

Joachim Kaiser: **Liebe und Haft der heiligen Katharina** **Material 6b**

[...] Bölls neueste, anarchische Idylle heißt: *Die verlorene Ehre der Katharina Blum – oder: Wie Gewalt entstehen und wohin sie führen kann.* Böll wiederholt hier ziemlich genau die Techniken der *Entfernung von der Truppe.* Also: wieder ein Erzähler, freilich nur ein Berichterstatter, der souverän, leichthin, manchmal sogar selbstkritisch Auskunft gibt über seine keines-

Material 6b

wegs chronologisch geordneten epischen Handgriffe. Diesmal eine Heldin, die, einer Heiligen gleich, die Gnade einer großen plötzlichen Liebe erfährt. (**Mein Gott, er war es eben, der da kommen soll – und ich hätte ihn geheiratet und Kinder mit ihm gehabt.**) Und wieder eine finstere Gegenwelt: diesmal aber die des alles mit Lüge und Gemeinheit überziehenden (*Bild*-)Zeitungs-Journalismus, gegen den die heilige Katharina sich zur Wehr setzt, indem sie einen Reporter erschießt. [...]

Diesem gewaltigen, alle Welt beeinflussenden Lügen-Mechanismus ausgesetzt und von ihm zur Gewalttat gezwungen, finden wir die heilige Katharina. Sie ist schön, sie ist tüchtig, sie weist zudringliche Männer ab, trägt alten Leuten den Koffer, hat sich eine hübsche teure Kleinwohnung und einen Volkswagen selbst verdient, überweist ihrer kranken Mutter Geld, unterstützt den eingesperrten Bruder, läßt das Grab ihres Vaters pflegen und im Verhörs-Protokoll kein falsches Wort durchgehen. Sie unterscheidet sorgfältig: *zudringlich* ist nicht *zärtlich, Gutmütigkeit* hat mit *Güte* nichts zu tun und *Liebe* nichts mit jener zotigen Bezeichnung, die sogleich den Juristen einfällt. Als Gottes und Bölls reines Geschöpf ist sie natürlich aus der Kirche ausgetreten, konfessionelle Tanzveranstaltungen verabscheut sie. Weil sie sich bei einer privaten Karnevalsveranstaltung in einen von der Polizei wegen mehrerer Delikte gesuchten jungen Mann verliebt, zerstört die Zeitung verleumderisch, tonfallschwindelnd ihre Ehre, ihre Zukunft, ihr Leben.

Das ist die Konstruktion der Novelle. Frei wird Böll immer nur da, wo er jenseits dieser Konstruktion fabuliert, Haltungen und Empfindungen entdeckt, wenn er etwa, ein Poet moderner Einsamkeit, die ziellosen Autofahrten im Regen beschreibt, die Katharina so macht. Und wenn er ausmalt, wie scheußlich die wohlbekannte Umgebung plötzlich wirken kann auf einen Verstörten. Oder wenn er satirisch erwägt, welchen psychischen Problemen offizielle Telefon-Abhörer sich ausliefern (wovon schon die Novelle *Als der Krieg ausbrach* effektvoll handelte).

Aber sonst? Noch nie hat Böll so hemdsärmelig, ja so schlampig geschrieben wie im ersten Teil dieser Erzählung. Traut sich kein Lektor mehr an seine Manuskripte? Falsche Parenthesen; in einem Satz steht zweimal **er**, aber es sind verschiedene Personen damit gemeint; **regelrecht** erscheint als regelrechtes Obsessions-Flickwort [...] Dabei wimmelt es von absichtslosen Wiederholungen. [...]

Doch die Novelle wird von Katharinas Ton nur allzu wenig geprägt. Denn statt auf einen betroffenen oder leidend-ironischen Erzähler treffen wir auf eine manchmal fad witzelnde *Man-Haltung* (**Das sollte doch noch einmal hervorgehoben werden, denn man kann da nie sicher sein**). So findet die Novelle keinen eigenen Erzähl-Ton, sie bedient sich nur teils des Verehrungs-, teils des Abscheu-Affekts. Aber die bloße Abscheu erklärt nichts und erbringt nichts. Heißt es denn, etwas riskieren oder etwas erklären, wenn alles darauf hinausläuft, daß die Journalisten der ZEITUNG lügen, daß anderswo vielleicht ein wenig mehr die Wahrheit gesagt werde, aber nutzlos, denn alle Leute lesen doch nur *Bild?* Vornehme Verachtungshaltung gegenüber der Springer-Presse ist längst zum Alibi für sämtliche (mehr oder weniger bescheideneren) Schweinereien des übrigen Journalismus geworden: da können auch noch die letzten mit demokratischem Tugendmut schimpfen – froh, nicht so zu sein wie diese Teufel [...] Eine solche Haltung mag in einem pressekritischen soziologisierenden Essay präzisierbar sein: In einer Novelle, die leider nicht nur vom Opfer handelt, sondern auch von Tätern und von der Umwelt, wirkt es steril vornehm, wenn die Schlechtigkeit der einen Seite vorausgesetzt wird. Oder wenn auf Baader-Meinhof angespielt wird, ohne daß man innerhalb des Kontextes erfährt, was denn nun mit dem verfolgten Götten wirklich los ist. An einer Schlüsselstelle der Novelle wird das Problem, vor dem Bölls Haß sich drückt, überhaupt erst deutlich. Wenn die von der ZEITUNG tödlich Verleumdete darauf hingewiesen wird, es gäbe auch andere, sachlichere Berichterstattungen, fragt sie: **Wer liest das schon? Alle Leute, die ich kenne, lesen die ZEITUNG!**

Material 6b

Warum ist das so? Muß es so sein? Was machen die tugendhaften anderen falsch? Böll liebt nur sein reines Geschöpf. Für die Welt, an der Katharina zu Grunde geht, hat der Zornige hier nichts anderes übrig als Haß, Ironie und falsch-vornehme Verachtung.

(aus: Süddeutsche Zeitung, 10. 8. 1974)

Material 6c

GÜNTER ZEHM: **Heinrich der Grätige. Macht Bölls neue Erzählung Stimmung für ein restriktives Pressegesetz?**

Das neue Buch von Heinrich Böll, *DIE VERLORENE EHRE DER KATHARINA BLUM*, löst auch bei seinen anhänglichsten Lesern Verlegenheit aus. Wohlmeinende Kritiker sind irritiert und sprechen davon, daß der Meister hier **allzu hastig** gearbeitet habe, daß ihm die Dringlichkeit seines **Anliegens** keine Zeit gelassen habe, **falsche Parenthesen, absichtslose Wiederholungen** und **fade Witzeleien** aus dem Text zu tilgen (Joachim Kaiser). Andere gehen noch weiter und konstatieren ein Übermaß an stilistischer Schlamperei, ein merkwürdiges Konglomerat aus Wehleidigkeit und Aggressivität, das man nur mit dem Ausdruck **saurer Kitsch** hinreichend charakterisieren könne.

Interessant und bezeichnend ist dabei, daß sich die Kritik gegen die mißlungene Form der Erzählung wendet und eine Würdigung des Inhalts taktvoll ausspart, ganz so, als ließen sich Inhalt und Form in der Literatur reinlich voneinander scheiden. Umgangen wird die wichtige Frage, ob es denn möglich sei, einen guten Roman für eine schlechte Sache zu schreiben. Indessen ist es gerade diese Frage, die sich einem bei der Lektüre des Böllschen Buches aufdrängt.

Denn die Sache, für die sich Böll hier mit Verve und Ingrimm engagiert, ist die Sache der Baader/Meinhof-Terroristen, die vor zwei Jahren schießend und bombenlegend durch unser Land zogen, oder besser: die Sache jener, die den Terroristen Unterschlupf gewährten und dafür herbe Kritik von einem Teil der Öffentlichkeit und einem Teil der Presse hinnehmen mußten. Bölls Verhalten stand damals im Mittelpunkt der öffentlichen Diskussion, und in seiner jetzigen Erzählung nimmt er den Faden der Debatte auf, um seinen Standpunkt noch einmal zu rechtfertigen und seinen Gegnern noch einmal Saures zu geben. [...]

Man mag die Dinge drehen und wenden, wie man will, Bölls neues Buch nimmt sich aus der Sicht der dramatischen Ereignisse des Jahres 1972 wie eine literarische Retourkutsche aus, wie ein Versuch, nachträglich doch noch das letzte Wort zu behalten. Ist es das, was seine Diktion so larmoyant und fade, so unsicher und rechthaberisch macht? Fest steht jedenfalls, daß ihm das Rechtbehalten nur gelingt, indem es die Verhältnisse von 1972 bis zur Unkenntlichkeit entstellt, indem es eine groteske Karikatur der Ereignisse zeichnet, in die man hineinlesen kann, was man gerade hineinlesen möchte.

Da ist die in ihrer Ehre verletzte Katharina Blum – ein Mägdelein so fein und

Material 6c

rein, wie es sonst nur noch in den Romanen der Courths-Mahler vorkommt. Da ist der Terrorist Götten, der Katharina auf einem Karnevalsvergnügen kennenlernt (!) und dem sie Unterschlupf gewährt, ohne viel zu fragen, weil sie sich **schlagartig** in ihn verliebt hat (**ich empfand große Zärtlichkeit für ihn** [...] **Er war es eben, der da kommen soll**). Und da ist schließlich der Reporter der ZEITUNG, Tötges mit Namen, ein Schurke, wie er schlimmer nicht denkbar ist, ein Halunke in einer Redaktion von Halunken, ein Muttermörder und professioneller Menschenjäger, der die arme Katharina gnadenlos als Räuberliebchen hinstellt – da er aber in das saubere Kämmerlein der Katharina eindringt, was sagt er da, der geile Hund? **Mein Blümelein! Ich schlage vor, daß wir jetzt erst einmal bumsen.** Verständlich, daß ihn die reine Katharina mißversteht und hast du nicht gesehen über den Haufen schießt.

[...] Damit endet die Erzählung *Die verlorene Ehre der Katharina Blum*, Katharina findet noch Zeit zu konstatieren, daß sie **ohne Reue, ohne Bedauern** an ihren Mord denkt, und auch der Autor Böll mischt sich ein und wundert sich, warum die Zeitungen so großen Krawall über den Fall machen. **Als ob – wenn schon auf der Welt geschossen wird – der Mord an einem Journalisten etwas Besonderes wäre.** Solche Passagen (wie auch die Gräten des Weihnachtskarpfens) lassen einen denn doch zweifeln an der moralischen Lichtgestalt *Heinrichs des Gütigen*, als der er von seinen Apologeten stilisiert wird. Der Verdacht stellt sich ein, daß hier möglicherweise ein monumentaler Fall von Tartüfferie zur weiteren Verhandlung steht.

(aus: Die Welt, 16. 8. 1974)

Material 6d

Helmut M. Braem über *Katharina Blum*

[...] Die Tat der Katharina Blum ist leichter zu erklären als die Sprache Heinrich Bölls, der sich seinem Zorn offenbar überlassen hat, statt ihn zu lenken. Im Vergleich mit anderen Satiren von ihm (*Dr. Murkes gesammeltes Schweigen*, *Nicht nur zur Weihnachtszeit*) wirkt seine neue Erzählung plump, wie mit der Faust geschrieben. Der Reporter von der ZEITUNG ist ein richtiges Schwein, fährt einen roten Porsche und will mit der ihm unbekannten Blum erst einmal bumsen. Durch solche fixe Formeln wird vieles von dem, was über die Machenschaften der ZEITUNG gesagt wird, abgewertet, verlieren Bölls Attacken an Überzeugungskraft, wodurch wiederum die Motive, die Katharina Blum zur Tat treiben, abgeschwächt werden.

Da die Haltung des Erzählers unklar bleibt, ist auch der Stil der Erzählung oft überraschend diffus. Auf dem Hochseil wird mit Symbolen gearbeitet: Katharina, das ist die Reine, Tötges heißt der zu Tode kommende Journalist, Ludwig Götten ist der himmlische Liebhaber, den sich die Nonne genannte Katharina zum Geliebten nimmt (Er war es eben, der da kommen soll). Dann wiederum Parterreakrobatik mit Wortwitzchen: Der erschossene Tötges trug ein improvisiertes Scheichkostüm – es ist ja Karneval zu Köln am Rheine –, das Blut färbte das weiße Tuch rot, da wird eine Pistole notwendigerweise fast zur Spritzpistole. Die Kameralsprache der Kanzleien ist weit besser ironisiert, sobald sich Böll die Floskeln der Protokolle vornimmt. So heißt es von der Täterin, daß sie im entscheidenden Augenblick nicht nur zur Pistole griff, sondern sie auch in Tätigkeit setzte. Das paßt immerhin zu der Art Räuber-und-Gendarmromantik, mit der einige vertraute Ereignisse aus dem Gruppenbild Baader/Meinhof umgeben werden. Doch gerade derartige Aktivitäten, hier der Katharina Blum und ihrem Liebhaber zugesprochen, schaffen viel zu viel Vordergrund, so daß der Erzähler selbst sich eingestehen muß: Wir wissen nichts von dem, was im Hintergrund passiert. Zumindest ist es zu wenig, kann es sich Böll nicht versagen, immer wieder Nebenstränge aufzunehmen, die er dann jedoch schnell wieder fallen läßt. Wie Gewalt entstehen und wohin sie führen kann, darüber ist immer wieder nachzudenken. Heinrich Böll jedoch hat, meine ich, das Nachdenken seinen Lesern erschwert, weil er mit seiner Erzählung, seiner Sprache allzu gewalttätig umgegangen ist. Er hat seinen verständlichen Zorn nicht verständlich genug gemacht. Schade. **Material 6d**

(aus: Stuttgarter Zeitung, 17. 8. 1974)

Uwe Schultz: **Ein hochsensibles Menetekel der Macht** **Material 6e**

[...] In zahlreichen Interviews seit seinem *Spiegel*-Artikel *Will Ulrike Meinhof freies Geleit oder Gnade?* aus dem Jahre 1972 hat Heinrich Böll sich um Differenzierung bemüht, als seine Stellungnahmen zu der politisch-kriminellen Gruppe Baader-Meinhof ihn in den Ruf latenter Komplizenschaft brachten und seine psychologische Anteilnahme als unangemessenes Mitgefühl, ja als geistige Mittäterschaft mißverstanden wurde. [...] Um die Mechanik des journalistischen Machtmißbrauchs vorzuführen, hat Böll gleichsam eine Fallstudie (in bewußt doppelsinniger Bedeutung dieses Begriffs) entworfen, die sowohl die Konsequenz wie Unwahrscheinlichkeit eines paradigmatischen Modells aufweist. Katharina Blum, eine junge, gutaussehende, gutgesinnte Hausangestellte – eine von Bölls säkularisiert-madonnenhaften Idealfrauengestalten, die (nicht erst seit der Dame im Gruppenbild) keusch-sensible Sexualität mit unantastbar-unfehlbarer Urteilskraft in politischen Entscheidungen verbinden – gerät in die existenzzerstörenden Mühlen des publizistischen Rufmords. [...]

Worum es Böll aber **unvermeidlich** geht, ist die literarische Demonstration seiner These, daß ein Rufmord – zudem noch ein aus politischen Motiven bewußt inszenierter – zur Zerstörung der sozialen und psychischen Existenz eines normalen, gutgläubigen, gutbeleumdeten und ethisch überdurchschnittlichen Bürgers führen kann, ja muß. Dieser Prozeß, dem Böll Unausweichlichkeit unterstellt, läuft protokollarisch kunstvoll kanalisiert ab. [...]

Dieses eingedunkelte Bild, das der Nobelpreisträger Böll immer wieder – in seiner jüngsten Erzählung jedoch verstärkt – von der Bundesrepublik zeichnet, verdient den Respekt eines hochsensiblen Mahners, dem auch nur die geringsten Einzelfälle staatlicher und privatwirtschaftlicher Willkür ein angemessener Anlaß sind, die Karikatur eines umfassend korrupten Staats zu zeichnen, in dem das Individuum mit seinem unbestreitbaren Unschuldsnachweis keine Chance des juristischen und moralischen Überlebens hat. Diese Karikatur, die Böll seit langem literarisch liefert, ist ein nützliches und bisweilen notwendiges Korrektiv, in dem die Gefahren bis ins Generelle verlängert werden und so die angeblich exakt absehbaren Folgen fahrlässiger Anfänge im fiktiven Menetekel freigelegt werden. [...]

Einem solchen Menetekel entspricht nun die selbständige Wiederherstellung der Ehre Katharina Blums, indem sie dem willkürlichen Rufmord den zielstrebigen Mord folgen läßt. Sie bringt, darauf bereitet sie sich sorgfältig vor, nicht zuletzt bei der präzise kalkulierten Beschaffung der Tatwaffe, mit Pistolenschüssen den Reporter Werner Tötges um. Auch in dieser Phase gönnt Böll seiner Heldin

Material 6e

die innere Souveränität instinktiver Ethik, die klug-selbstverständliche Bewußtheit, auf dem richtigen Weg zu sein – selbst wenn dieser Weg, darin ist erneut seine säkularisiert-religiöse Haltung erkennbar, ins Martyrium der weltlichen Macht führen sollte. […]

Die Fortführung des Rufmords durch Mord könnte die Kette der Verbrechen ins Sinnlos-Selbstzerstörerische verlängern und fände nur dann eine unaufhebbare Legitimation, wenn eine Atmosphäre unbegrenzten Unrechts in der Bundesrepublik nicht nur unter- sondern festgestellt werden könnte.

[…] Im Vordergrund von Bölls neuem Buch steht die dringliche politische Absicht, die Mißbrauchsstrukturen der Macht, vor allem aber nicht nur der Publizistik, vorzuführen und auch den Mißerfolg jeden Widerstandes nachzuweisen. Die formalen Mittel, die der Schriftsteller Böll einsetzt, bleiben eng gebunden an diese vorgezeichnete Zielsetzung. Um der Darstellung den Charakter fiktiver Unverbindlichkeit zu nehmen, ist die Form des protokollarischen Berichts gewählt, eines exakt-nüchternen Referats – der Erzähler täuscht Distanz von Neutralität und hofft, durch dieses Mittel der darstellerischen Askese an Glaubwürdigkeit zu gewinnen.

(aus: Handelsblatt-Industriekurier, 18. 8. 1974)

Material 6f

Marcel Reich-Ranicki: **Der deutschen Gegenwart mitten ins Herz. Eine unpathetische Anklage**

[…] Was Böll erzählt, mag besser oder schlechter sein. Aber es traf und trifft die deutsche Gegenwart mitten ins Herz. Das gilt auch für die Geschichte von der *Verlorenen Ehre der Katharina Blum*. […] Die Erzählung beantwortet die Frage, was die unbescholtene Katharina Blum dazu gebracht habe, auf ihren Besucher, einen Reporter, zu schießen.

Böll hat von Anfang an gegen die Ungerechtigkeit, die Bosheit und Grausamkeit der Welt die Unschuld, die Reinheit oder ganz einfach die Anständigkeit seiner zentralen Figuren ausgespielt. Und meist wurde seine Anklage am deutlichsten in Liebesgeschichten. […]

Die Konfrontation des leidenden Individuums mit der feindlichen Umwelt und die an dieser Umwelt scheiternde Liebe – beide Motive stehen im Mittelpunkt auch der Erzählung von der *Verlorenen Ehre der Katharina Blum*. Aber sie werden hier auf bemerkenswerte Weise abgewandelt. […] Befragt nach ihren häufigen, ziellosen und stundenlangen Autofahrten, antwortet sie: **Es war wohl auch Angst: Ich kenne so viele alleinstehende Frauen, die sich abends allein vor dem Fernseher betrinken.** Immer wieder wehrt sie die Angebote der Männer ab, und doch sehnt sie sich nach einem Mann. Denn wie sie der Zudringlichkeit überdrüssig ist, so ist sie der Zärtlichkeit bedürftig. […]

Böll hat gute Gründe gehabt, die erotische Komponente im Porträt seiner Katharina Blum besonders stark zu akzentuieren: Erst die nicht ganz alltägliche psychische Disposition der überaus empfindlichen und labilen, als spröde geltenden, bisher deutlich frustrierten jungen Frau macht ihre Euphorie nach der Nacht mit jenem Deserteur ganz begreiflich. Und erst diese Euphorie erklärt ihr Verhalten angesichts der Pressehetze, die nun mit äußerster Intensität gegen sie in Gang gesetzt wird. […] Dieser Verleumdungskampagne ist sie in einem Augenblick ausgesetzt, in dem das Sexuelle für sie – möglicherweise zum ersten Mal – höchste Bedeutung erlangt hat. Und die Kampagne trifft sie doppelt stark, weil sie in einem Milieu lebt, in dem alle die ZEITUNG und nur die ZEITUNG lesen. Zu den Folgen, die sie sofort zu spüren bekommt, gehören Hunderte von anonymen Briefen und Anrufen mit wüsten Beschimpfungen und obszönen Angeboten. [...] Einer derartigen Hexenjagd ist Katharina Blum nicht gewachsen. Sie bricht zusammen. Die Tat, mit der Bölls Erzählung beginnt und endet, beweist dies. Katharina Blums Schüsse auf den Reporter, der sie interviewen und bei dieser Gelegenheit auch mit ihr schlafen wollte, zeugen von ihrer Verzweiflung, von ihrer Hilflosigkeit und Ohnmacht und ganz gewiß nicht, wie schon behauptet wurde, von einem bewußten Protest gegen die bestehende Gesellschaftsordnung. Um es paradox auszudrücken: Sie schießt auf den Vertreter der ZEITUNG, weil sie wehrlos ist.

An die Stelle jener übermächtigen Instanzen, mit denen Böll seine unheroischen Helden in früheren Büchern konfrontiert hat, tritt also jetzt die ZEITUNG. [...] Böll hat ja Anfang 1972 gegen Artikel der *Bild*-Zeitung im Zusammenhang mit der Baader-Meinhof-Gruppe polemisiert und war dann selbst Objekt einer außergewöhnlich scharfen Kampagne geworden.

So unzweifelhaft dieser direkte biographische Anlaß, so sehr würde man Böll verkennen, wollte man die Geschichte der Katharina Blum vor allem oder gar ausschließlich als Reaktion auf diese Presse-Attacken verstehen. Zunächst einmal geht es um das Individuum als Opfer der Massenmedien überhaupt, das Extreme (also die ZEITUNG) dient hier zur Verdeutlichung des Exemplarischen. Zum anderen ist Bölls Kritik weniger gegen die *Bild*-Zeitung gerichtet als gegen die Gesellschaft, die ein Phänomen wie die *Bild*-Zeitung duldet, ermöglicht und offenbar benötigt.

[...] Die zeitkritische Anklage, die Bölls Buch artikuliert, läßt sich also kaum gewichtiger und umfassender vorstellen; und die Geschichte einer jungen Frau, deren Persönlichkeit innerhalb von wenigen Tagen vor den Augen ihrer Bekannten und der Behörden, ja der ganzen Öffentlichkeit zerstört wird, konnte leicht pathetisch oder feierlich geraten. Aber in der Erzählung von der *Verlorenen Ehre der Katharina Blum* wird man Pathos, Feierlichkeit oder Monumentalität nicht finden. [...]

Nichts ist einfacher als gegen die *Verlorene Ehre der Katharina Blum* einen ganzen Katalog von Vorwürfen zu erheben. Denn das Fragwürdige und Mißlungene ist hier, wie so oft bei ihm, geradezu mit den Händen zu greifen.

Jeder Oberlehrer wird ihm eine Vielzahl stilistischer Nachlässigkeiten ankreiden können, die sich nur zum Teil mit der Person und der Sicht des Erzählers rechtfertigen lassen. Daß sich aber in diesem Buch auch viele Beispiele der außergewöhnlichen sprachlichen Reizbarkeit finden – wer kann das Alltagsdeutsch so bemerken und fixieren wie er? –, ist ebenfalls sicher. [...] Die Schönheitsfehler sind unzweifelhaft. Aber sie ändern nichts an der Tatsache, daß Heinrich Böll eine Erzählung geschrieben hat, die den Zeitgenossen bewußt macht, in welcher Weise sie leben. Er hat die deutsche Gegenwart – noch einmal sei es gesagt – mitten ins Herz getroffen.

(aus: Frankfurter Allgemeine Zeitung, 24. 8. 1974)

Material 6g

Peter Schütt: *Die verlorene Ehre der Katharina Blum*

Die Kritikasterzunft von der Mitte bis ganz rechts hat ein neues Thema gefunden: das neueste Buch von Heinrich Böll, die Erzählung *Katharina Blum*. Sie fühlen sich getroffen und heulen auf, die Obertintenkulis von Springer und Konsorten. Warum, das wird jedem klar, der Bölls neues Buch liest.

[...] Bölls Buch heißt im vollen Titel *Die verlorene Ehre der Katharina Blum oder: Wie Gewalt entsteht und wohin sie führen kann*. Es ist Bölls klassisches Thema, bezogen auf die aktuelle Situation und auf den gegenwärtigen Zustand der BRD-Gesellschaft. Zahlreiche, aus früheren Werken vertraute Elemente der Böllschen Erzählkunst kehren in der *Katharina Blum* wieder. Ähnlich wie in dem letzten Roman *Gruppenbild mit Dame* ein fiktiver Verfasser, so tritt hier ein in seiner Erzählperspektive mit dem Autor identischer Erzähler auf, der gleich zu Anfang seine Quellen beschreibt und auf die Glaubwürdigkeit seiner Dokumente und Unterlagen allergrößten Wert legt. Der Erzähler schaltet sich im Verlauf des Untersuchungsberichts mehrfach ein und erläutert sein Verfahren: Böll macht seine literarische Methode selber zum Thema. [...]

Die Hauptgestalt, Katharina, bezeugt noch einmal die sichere Begabung des Autors, überzeugende und unverwechselbare Frauengestalten zu entwerfen. Sie stammt aus dem Volk, aus einer dörflichen Arbeiterfamilie. Nach einer schweren Kindheit und einer entwürdigenden Frühehe, aus der sie sich endlich befreit hat, ist es ihr gelungen, sich eine als sicher erscheinende Existenz als selbständige Haushälterin aufzubauen: ihre Bescheidenheit macht sie beliebt bei ihren Freunden und zu gleicher Zeit immun gegen gelegentliche Annäherungsversuche.

Sie symbolisiert die Unzerstörbarkeit der menschlichen Substanz, des menschlichen Strebens nach Güte und Gerechtigkeit, und heißt darum *Katharina*, die Reine. Eine Art sensibler Keuschheit gibt ihr im entscheidenden Moment den Impuls, Tötges zu töten: [...] Bölls Erzählung ist so politisch, so engagiert und polemisch wie kaum ein anderes Werk des Dichters. Sein Realismus hat eine neue Stufe der gesellschaftlichen Konkretheit erreicht und reagiert damit auf die allgemeine Verschärfung der geistigen und politischen Auseinandersetzungen, die in den letzten Jahren auch bei uns eingetreten ist. Die persönliche Betroffenheit aufgrund der Anfang 1972 von der Springerpresse gegen ihn entfachten Verleumdungskampagne ist Bölls Werk anzumerken, dennoch geht es nicht an, die *Katharina* als einen künstlerischen Racheakt des Autors hinzustellen. [...]

Aber Böll stellt in seinem Werk zugleich die Frage nach der politisch-moralischen Verantwortung des Intellektuellen. Der Intellektuelle hat nichts von der Unfehlbarkeit, in der er bei Marcuse und seinen Freunden erscheint, er wird unausweichlich vor die Alternative gestellt: sich entweder dem sublimen Terror- und Gewaltapparat der Reaktion unterzuordnen oder für die andere Seite, für die Entrechteten und Betrogenen, Partei zu ergreifen.

Böll ist in seiner Zentralgestalt eine verhaltene Sympathie für die Motive des Anarchismus nicht abzusprechen. Katharina versucht einen Moment lang, *kaputtzumachen, was sie kaputtgemacht hat*, sie antwortet auf die Gewalt der ZEITUNG mit einem Akt des individuellen Terrors, den Böll als unausweichlich darstellt [...] Böll geht es ganz gewiß nicht um eine Legitimation der Baader-Meinhof-Aktionen, ihm geht es um die radikale Anklageerhebung gegen die bestehende Gesellschaftsordnung. Er will zeigen: Diese Welt ist so von Gewalt, Lüge und Haß beherrscht, daß sie notwendigerweise und sogar in dem edelsten Menschen Mordgelüste hervorrufen muß. Damit ist nichts darüber ausgesagt, ob der Mord an dem Springermann ein politisch wirksames und richtiges Mittel ist, um der Gewalt ein Ende zu setzen. Böll deutet an: Durch die Ausschaltung des Tötges ändert sich nicht das Geringste, die ZEITUNG setzt ihre Rufmordpraktiken nur noch wütender fort, politisch bewirkt der Mord eher das Gegenteil seiner Intention. Insofern rechnet Böll zugleich mit dem politischen Anarchismus ab. Er billigt ihm moralische Beweggründe zu (wie Lenin dem Fürsten Kropotkin), spricht ihm aber die politische Ernsthaftigkeit ab. Treffend charakterisiert Böll das soziale Milieu, in dem Sympathien für den Anarchismus gedeihen können: unter gutsituierten, gelangweilten und leicht überspannten Bürgern, die an sich selber, an ihrer Rolle in der Gesellschaft verzweifeln und mit der Welt nicht mehr zu Rande kommen. **Material 6g**

Mit einer Radikalität, die in der Gegenwartsliteratur unseres Landes beispiellos ist, geht Böll mit der imperialistischen Meinungsmanipulation ins Gericht. Und er macht in seinem bitteren Zorn klar, daß ein wichtiges Mittel der Rufmordpraktiken der Antikommunismus ist: die Aussage des Dorfpfarrers, daß Katharinas Vater ein verkappter Kommunist gewesen sei, und ähnliche linksverdächtige Randerscheinungen genügen der **Zeitung**, Katharina als linksradikal abzustempeln.

Die Folgen der Diskriminierung werden deutlich, nur die Ursachen bleiben im dunkeln. An diesem Punkt, an der Frage, wo die gesellschaftlichen Ursachen und Hintergründe des Antikommunismus, der Lüge und der Gewalt liegen, endet Bölls Erzählung. Damit ist aber nicht gesagt, daß der Leser an diesem Punkt aufhören muß: Er kann den Gedankengang Bölls fortsetzen. Als Zusatzlektüre sei ihm das *Manifest* empfohlen.

(aus: UZ/Unsere Zeit, 7. 9. 1974)

Werner Wien: **Der verunglückteste Böll, den es je gab** **Material 6h**

Zum dubiosen Etikett einer Sensation dürfte es bei der neuen Erzählung des von der PEN-Repräsentanz an den eigenen Schreibtisch zurückgekehrten Nobelpreisträger Heinrich Böll wohl kaum reichen. Sein jüngstes Werk mit dem barocken Doppeltitel *Die verlorene Ehre der Katharina Blum oder: Wie Gewalt entstehen und wohin sie führen kann* ist eine frei oder richtiger unfrei nach den Möglichkeiten unserer Wirklichkeit erfundene Sozialfiktion mit dem Thema *Rufmord* [...] Zu dem dubiosen Etikett einer Sensation haben höchstens die Umstände der rasanten Verbreitungsoffensive dieses *Böllschen Krimis* die Affäre gebracht, die ja nichts mit Literatur, höchstens mit Publizistik zu tun hat.

Was die üble Diffamierung Bölls nach seinem ebenso gutgemeinten wie schlecht geratenen Plädoyer für Ulrike Meinhof in dem Autor ausgelöst hatte, war von ihm in einer Dokumentation von 192 Seiten ja bereits 1972 als geballte Ladung zur Explosion gebracht worden. Die jetzt wieder 190 Seiten starke Buchausgabe hätte also die Sublimierung der unterbewußten Emotion zu Literatur, wenn nicht gar zu Dichtung werden müssen. Literarisch aber gehört die Moritat von der Katharina Blum in der stilistischen Schluderei, im Mangel an kompositorischer Beherrschung des Stoffs und durch die witzig gemeinten, ressentimentalen Privatauslassungen des Verfassers zum verunglücktesten, was Böll je von sich gab.

Motivisch bringt Böll sein Pauschalgericht über die rechtslastige Boulevard-Zeitung durch Katharinas Notwehrreaktion auf die sexuelle Zudringlichkeit des

Material 6h

Reporters um jede Allgemeingültigkeit. Tötges ist einfach **ein Schwein**, ein widerliches Individuum. Der Schuß trifft einen Dreckskerl, nicht die Presse. Und damit entwertet sich das ganze Machwerk, bei dem soviel Bölls im Detail stecken. Hier wird im Prinzip eine Pseudoreportage inszeniert, ohne daß Grundfragen gestellt würden. Was veranlaßt Drecksblätter, Dreck zu verbreiten? Und was veranlaßt Massen, diesen zu fressen? Der Humanist Böll wäre gerechtfertigt, hätte er vor diesen Fragen nicht halt gemacht.

(aus: Bremer Nachrichten/Weser-Zeitung, 20. 9. 1974)

Material 6i

PETER HORNUNG: **Böll als Meister des Polit-Kitsches**

[…] Literarisch wäre zum neuesten Werk anzumerken, daß diesmal die letzten erzählerischen Lichter erloschen sind. Doch einige außerliterarische Tatbestände begünstigten den Weg in Bestseller-Ehren. Böll schrieb mit seiner *KATHARINA BLUM* und ihrer verlorenen Ehre eine kaum verhüllte Huldigung an die Baader-Meinhof-Bande. Gleich bei Erscheinen vor einigen Wochen haftete dem Bändchen schon etwas Historisches an. Es war der makabre Aufschrei eines Uneinsichtigen. Böll hatte im Frühsommer 1972 **freies Geleit** für die Kommandeuse Ulrike Meinhof gefordert und das politische Gangstertum als Folge der kapitalistischen Wohlstandsgesellschaft zu erklären versucht. […] Der einsetzende Protest machte den angehenden Nobelpreisträger nicht einsichtig. Offenbar in einer tiefen schöpferischen Krise beging er Amok am eigenen Werk. Gekränkt schrieb er die *KATHARINA BLUM*, ein mit belletristischen Arabesken versehenes Pamphlet wider die ***Bild***-ZEITUNG Springers, die sich in seinem offenkundig getrübten Bewußtsein zum Symbol einer unverantwortlichen Hetzjagd gegen die Heroen um Andreas Baader und Ulrike Meinhof ausweitete. Geniert reagierten die Großkritiker von Marcel Reich-Ranicki bis Joachim Kaiser auf das politisierende Erzeugnis. Sie faßten es wie eine heiße Kartoffel an und ließen es dann spitzfingrig fallen. Dazwischen murmelten sie etwas von Engagement und zu geringer erzählerischer Reife. Ans Tabu des Nobelpreisträgers rührten sie nicht. Sonst hätte Bölls neueste Kunstfigur, die Katharina Blum, als artige Imitation einer Aktrice aus den Romanen der Courts-Mahler hervorgehoben werden müssen. Im Zeichen der Nostalgie wurde auch die geschwätzige Plaudertante der ***Gartenlaube*** erneut entdeckt. Ihre reinen Seelchen geistern sogar wieder über den Bildschirm. Ohne Charakterkorrektur könnte die Katharina Blum als Schöpfung der Courths-Mahler gelten. Sie ist ein engelhaftes Geschöpf. Bei der Altmeisterin des puren Kitsches sind es die Dienstmädchen, die den Aufstieg zur Baronesse schaffen. Böll putzte seine Katharina Blum modisch als freischaffende Wirtschafterin und Gesellschaftsdame auf, die es durch Fleiß, Ehrlichkeit, Bildung und damenhafte Erotik zu einer Eigentumswohnung samt nagelneuem VW brachte. Eine gescheiterte Ehe hat das makellose Seelchen wie aus ***Schöner wohnen*** hinter sich. Der Textilarbeiter besaß nicht das notwendige gesellschaftliche Bewußtsein. Über Katharinas Standort legt Böll einen wohltätigen Nebel. Von der Ehe mit einem Mann des falschen Klassenbewußtseins enttäuscht (er weigert sich sogar, in die Gewerkschaft einzutreten), wird Katharina zum umworbenen Rührmichnichtan. Zumeist sind es aber bürgerliche Lüstlinge, verheiratet, wohlhabend, konservativ, die in die Kemenate der gütigen, herzlichen und doch so kühlen Wohnungsbesorgerin einzudringen versuchen. Bis dann am Rosenmontag ein steckbrieflich gesuchter Politgangster auftaucht,

Material 6i

urig, mit der richtigen Portion Sex. Bei ihm wird Katharina schwach. Sie gibt ihm nicht nur Hausrecht in ihrer gutbehüteten Bettstatt. Voller List ebnet sie ihm die Fluchtwege. Der Umschwärmte entpuppt sich als hastiger Verschnitt aus Andreas Baader und dem toten Holger Meins. Die ZEITUNG (eine miserable Karikatur der *Bild*-ZEITUNG) bekommt Wind vom Gangster-Erlebnis der spröden Katharina. In ihrer Ehre getroffen, erschießt die unglückliche Verliebte den Reporter. Böswillig einfältig wie die Haupthandlung, legte HEINRICH BÖLL die Statisterie der Polizeifahnder an. Ist die *KATHARINA BLUM* das erzählerische Requiem auf den einstigen Romancier Heinrich Böll? So leicht kann das fatale Bändchen wohl nicht erledigt werden. Es prangte auf Bestsellerlisten, geschaffen von gläubigen Böll-Verehrern, als die Nachfolgebande des Baader-Meinhof-Trupps den höchsten Richter West-Berlins ermordete. 189 Seiten *KATHARINA BLUM* stapeln sich artig zwischen der Weihnachtsdekokration der Buchhandlungen. Ein makabres Heldenlied auf Polit-Kriminelle. Gegen sie läuft vor den Schaufenstern die Großfahndung unseres Rechtsstaats auf vollen Touren.

(aus: Deutsche Tagespost und Fränkisches Volksblatt, 19./20. 11. 1974)

Material 7

Will Ulrike Meinhof Gnade oder freies Geleit?

Schriftsteller Heinrich Böll über die Baader-Meinhof-Gruppe und ***Bild***

Wo die Polizeibehörden ermitteln, vermuten, kombinieren, ist ***Bild*** schon bedeutend weiter: ***Bild*** weiß. Dicke Überschriften auf der Titelseite der (Kölner) Ausgabe vom 23. 12. 71: **Baader-Meinhof-Gruppe mordet weiter.**

Im wesentlich kleiner gedruckten Bericht über den Kaiserslauterer Bankraub liest man dann von vier maskierten Gangstern, unter denen **vermutlich** eine Frau war; im Verdacht, so liest man weiter, stehe **unter anderem** die Gruppe um Ulrike Meinhof. Indizien: Informationen der Polizei über den Aufenthalt der Gruppe, ein roter Alfa Romeo, beim Überfall benutzt, Tage vorher in Stuttgart gestohlen, schon einmal bei einer Fahndung nach der Gruppe beobachtet; weitere Indizien: die **brutale Art** des Überfalls und die **generalstabsmäßige Planung.**

Nun sind Banküberfälle meistens brutal, auch wenn die Verdächtigen nicht der Gruppe um Ulrike Meinhof angehören. Und gerade durch generalstabmäßige Planung des Überfalls werden meistens Opfer vermieden.

Immerhin wird dann Herr Rauber, der Chef der Kaiserslauterer Kriminalpolizei, zitiert: **Wir haben zwar noch keine konkreten Anhaltspunkte, daß die Baader-Meinhof-Bande für den Überfall verantwortlich ist. Aber wir ermitteln selbstverständlich in dieser Richtung.** Das klingt schon anders; nüchtern, sachlich, angesichts der Indizien plausibel, legitim, wenn man es schon als legitim ansieht, daß Polizeibeamte für monatlich 1373 Mark ihr Leben riskieren, unter anderem, um Banktresore zu schützen. Ein riskanter, schlechtbezahlter Beruf. Im Manifest der Gruppe, nach dem Untertauchen erst hektographiert, inzwischen im Wagenbach Rotbuch 26 (Alex Schubert: Stadtguerillas) erschienen, ist über dieses Problem zu lesen: **Am 14. Mai (1970 bei der Befreiung Baaders in Berlin) ebenso wie in Frankfurt, wo zwei von uns abgehauen sind, weil wir uns nicht einfach verhaften lassen wollten – haben die Bullen zuerst geschossen. Die Bullen haben jedesmal gezielte Schüsse abgegeben. Wir haben z. T. überhaupt nicht geschossen, und wenn, dann nicht gezielt: in Berlin, in Nürnberg, in Frankfurt. Das ist nachweisbar, weil es wahr ist.**

Wir machen nicht ›rücksichtslos von der Schußwaffe Gebrauch‹. Der Bulle, der

Material 7

sich in dem Widerspruch zwischen sich als *kleinem Mann* und als Kapitalistenknecht, als kleinem Gehaltsempfänger und Vollzugsbeamten des Monopolkapitals befindet, befindet sich nicht in Befehlsnotstand. Wir schießen, wenn auf uns geschossen wird. Den Bullen, der uns laufen läßt, lassen wir auch laufen.** Hebt man die Kränkung, die in der Bezeichnung *Bulle* liegt, gegen das Wort *Bande* auf, zieht man von den zahlreichen vermuteten die bisher nachgewiesenen Taten ab und vergleicht man diese Passage mit dem wilden Schluß des Manifestes DEN BEWAFFNETEN KAMPF UNTERSTÜTZEN. SIEG IM VOLKSKRIEG, so klingt das nicht ganz so wahnwitzig wild und schießlustig, wie die Gruppe bisher dargestellt worden ist. Ergänzt man die oben zitierte Passage durch eine andere, die sich mit der lebensgefährlichen Verletzung des Angestellten Georg Linke auseinandersetzt, so entsteht auch nicht gerade der Eindruck einer uneingeschränkten Ballerideologie: **Die Frage, ob die Gefangenenbefreiung auch dann gemacht worden wäre, wenn wir gewußt hätten, daß ein Linker dabei angeschossen wird – sie ist uns oft genug gestellt worden –, kann nur mit Nein beantwortet werden.** [...]

Es ist eine Kriegserklärung von verzweifelten Theoretikern, von inzwischen Verfolgten und Denunzierten, die in die Enge getrieben worden sind und deren Theorien weitaus gewalttätiger klingen als ihre Praxis ist. Gewiß war die Befreiung Baaders eben doch nicht der so ganz überzeugende (weder für Beobachter noch für Mitwirkende überzeugende) Sprung von der Theorie in die Aktion. Das Manifest enthält unter anderem auch fast so etwas wie ein Geständnis: **Weder das bißchen Geld, das wir geklaut haben sollen, noch die paar Auto- und Dokumentendiebstähle, derentwegen gegen uns ermittelt wird, auch nicht der Mordversuch, rechtfertigen für sich den Tanz.**

Es kann kein Zweifel bestehen: Ulrike Meinhof hat dieser Gesellschaft den Krieg erklärt, sie weiß, was sie tut und getan hat, aber wer könnte ihr sagen, was sie jetzt tun sollte? Soll sie sich wirklich stellen, mit der Aussicht, als die klassische rote Hexe in den Siedetopf der Demagogen zu geraten? [...]

Ich kann nicht annehmen, daß Polizeibehörden und zuständige Minister über Helfershelfer wie ***Bild*** glücklich sein können – oder sollten sie's doch sein? Ich kann nicht begreifen, daß irgendein Politiker einem solchen Blatt noch ein Interview gibt. Das ist nicht mehr kryptofaschistisch, nicht mehr faschistoid, das ist nackter Faschismus, Verhetzung, Lüge, Dreck.

Diese Form der Demagogie wäre nicht einmal gerechtfertigt, wenn sich die Vermutungen der Kaiserslauterer Polizei als zutreffend herausstellen sollten. In jeder Erscheinungsform von Rechtsstaat hat jeder Verdächtige ein Recht, daß, wenn man schon einen bloßen Verdacht publizieren darf, betont wird, daß er nur verdächtigt wird.

Die Überschrift **Baader-Meinhof-Gruppe mordet weiter** ist eine Aufforderung zur Lynchjustiz. Millionen, für die *Bild* die einzige Informationsquelle ist, werden auf diese Weise mit verfälschten Informationen versorgt. Man hat ja wohl genug von den Verdächtigen oder nur verdächtig Aussehenden des Herrn XY Zimmermann gehört. Die Bezeichnung Rechtsstaat wird fragwürdig, wenn man die gesamte Öffentlichkeit mit ihren zumindest unkontrollierbaren Instinkten in die Exekutive einbezieht; wenn man die Qualität des Rechts der Quantität von Erfolg und Popularität opfert. Die nach Indizien zurechtdramatisierten Spielfilmrekonstruktionen, die Herr Zimmermann als Illustration zeigt, sind doch nichts weiter als miese Grusicals für den Spießer, der in Pantoffeln dasitzt,

Bier trinkt und glaubt, er würde zum Augenzeugen,wo er doch nur einer undurchsichtigen Mischung von fact und fiction zuschaut, gelegentlich solchen, in denen Leichenteile die Hauptrolle spielen. Wie wär's, wenn Herr XY Zimmermann einen der immer noch gesuchten Naziverbrecher in der heiligen Krimistunde suchen ließe? Nur als Probe, um zu testen, wie's deutsche Krimigemüt drauf reagieren würde?

Die Bundesrepublik Deutschland hat 60 000 000 Einwohner. Die Gruppe um Ulrike Meinhof mag zur Zeit ihrer größten Ausdehnung 30 Mitglieder gehabt haben. Das war ein Verhältnis von 1:2 000 000. Nimmt man an, daß die Gruppe inzwischen auf 6 Mitglieder geschrumpft ist, wird das Verhältnis noch gespenstischer. 1:10 000 000.

Das ist tatsächlich eine äußerst bedrohliche Situation für die Bundesrepublik Deutschland. Es ist Zeit, den nationalen Notstand auszurufen. Den Notstand des öffentlichen Bewußtseins, der durch Publikationen wie *Bild* permanent gesteigert wird.

Was richtet eine Überschrift wie die zitierte an? Wer zieht *Bild* zur Rechenschaft, wenn die Vermutungen der Polizei sich als unzutreffend herausstellen? Wird *Bild* dementieren, sich korrigieren, oder wird Herr Springer sich an der Bildspalte 5 trösten, die die Überschrift trägt: **Soviel Liebe auf einmal.** Dort werden die weihnachtlichen Spenden publiziert. Gott segne das ehrbare Handwerk. Ich hoffe, die Gräten im Weihnachtskarpfen waren nicht zu weich und haben sich tatsächlich quergelegt. [...]

Für einen so abscheulichen Satrapen wie Baldur von Schirach, der einige Millionen junger Deutscher in die verschiedensten Todesarten trieb und zu verschiedensten Mordtaten ermutigte, sogar für ihn gab es Gnade. Ulrike Meinhof muß damit rechnen, sich einer totalen Gedankenlosigkeit ausgeliefert zu sehen. Baldur von Schirach hat nicht so lange gesessen, wie Ulrike Meinhof sitzen müßte. Haben die Polizeibeamten, Juristen, Publizisten je bedacht, daß alle Mitglieder der Gruppe um Ulrike Meinhof, alle, praktische Sozialarbeit getan haben und Einblick in die Verhältnisse genommen, die möglicherweise zu dieser Kriegserklärung geführt haben? Schließlich gibt es das Rotbuch 24 des Wagenbach Verlages, Titel *BAMBULE*. Verfasserin: Ulrike Meinhof. Lesenswert, aufschlußreich – als Film immer noch nicht gesendet. [...]

Ulrike Meinhof und der Rest ihrer Gruppe haben keinerlei Chance, irgend jemand politisch opportun zu erscheinen. Äußerste Linke, äußerste Rechte, linke und rechte Mitte, Konservative und Progressive aller Schattierungen, sie alle kennen keine Parteien mehr, sie sind dann nur noch Deutsche und sich einig, einig, wenn sie endlich in ihre deutsche Schwatzgemütlichkeit zurückfallen, sich ungestört ihrem Fraktionschinesisch ergeben können, wenn geschehen sollte, was nicht geschehen darf; wenn man eines Tages lesen würde, daß auch Ulrike Meinhof, später Grashof, dann Baader und Gudrun Enslin als *erledigt* zu betrachten sind. Erledigt, vom Tisch. [...] Muß es so kommen? Will Ulrike Meinhof, daß es so kommt? Will sie Gnade oder wenigstens freies Geleit? Selbst wenn sie keines von beiden will, einer muß es ihr anbieten. Dieser Prozeß muß stattfinden, er muß der lebendigen Ulrike Meinhof gemacht werden, in Gegenwart der Weltöffentlichkeit. Sonst ist nicht nur sie und der Rest ihrer Gruppe verloren, es wird auch weiter stinken in der deutschen Publizistik, es wird weiter stinken in der deutschen Rechtsgeschichte.

Haben alle, die einmal verfolgt waren, von denen einige im Parlament sitzen, der

Material 7

eine oder andere in der Regierung, haben sie alle vergessen was es bedeutet, verfolgt und gehetzt zu sein. Wer von ihnen weiß schon, was es bedeutet, in einem Rechtsstaat gehetzt zu werden von ***Bild,*** das eine weitaus höhere Auflage hat als der ***Stürmer*** sie je gehabt hat?
Waren nicht auch sie, die ehemals Verfolgten, einmal erklärte Gegner eines Systems, und haben sie vergessen, was sich hinter dem reizenden Terminus *auf der Flucht erschossen* verbarg? Wollen sie in dieser überreizten Situation, in dieser gegenseitigen Verhetzung, die Entscheidung ganz allein den Polizeibeamten überlassen, die verstört und überarbeitet sind und – hier mag's angebracht sein – auf eine psychologisch gefährliche Weise frustriert?
Weiß keiner mehr, was es bedeutet, einer gnadenlosen Gesellschaft gegenüberzustehen? Wollen die ehemals Verfolgten die verschiedenen Qualitäten des Verfolgtseins gegeneinander ausspielen und ernsthaft die Termini *kriminell* und *politisch* in absoluter Reinheit voneinander scheiden, einer Gruppe gegenüber, die ihre Erfahrungen unter Asozialen und Kriminellen gesammelt hat, und auf dem Hintergrund einer Rechtsgeschichte, wo das Stehlen einer Mohrrübe schon als kriminell galt, wenn ein Pole, Russe oder Jude sie stahl? Das wäre weit unter einem Denkniveau, wie es unter verantwortlichen Politikern üblich sein sollte. Ulrike Meinhof will möglicherweise keine Gnade, wahrscheinlich erwartet sie von dieser Gesellschaft kein Recht. Trotzdem sollte man ihr freies Geleit bieten, einen öffentlichen Prozeß, und man sollte auch Herrn Springer öffentlich den Prozeß machen, wegen Volksverhetzung. [...]
Die Bundesrepublik hat mehr als 60 000 000 Einwohner, die Gruppe um Ulrike Meinhof wahrscheinlich inzwischen sechs Mitglieder. Die Auflage von ***Bild*** liegt wohl um die 4 000 000, die Zahl der Leser wahrscheinlich um die 10 000 000. Die Weihnachtsbotschaft von Herrn Springer lautet: **Baader-Meinhof-Gruppe mordet weiter.** Mordet. Weiter. Fröhliche Weihnachten gehabt zu haben und ein glückseliges Neues Jahr. Harte Gräten, zähe Karpfen. Soviel Liebe auf einmal, wie Herr Springer sie uns bietet, ist schwer zu ertragen, besonders in einem Rechtsstaat.

(aus: Der Spiegel, Nr. 3/1972, S. 54–57)

Anhang

Anmerkungen

1 Selbst ein unbeteiligter Düsseldorfer Rentner mit Namen Heinrich Böll wurde wiederholt durch anonyme Anrufer belästigt, beschimpft und bedroht (s. Mater. 5).

2 Wie sehr sich die Hetze gegen Böll auswirkte, bewies u. a. Prof. Dr. Karl Carstens, der damalige (offenbar schlecht unterrichtete) CDU-Fraktionsvorsitzende und spätere Bundespräsident (1979–1984), als er am 12. 12. 1974 auf einer CDU-Kundgebung in Duisburg die Bevölkerung aufforderte »sich von der Terrortätigkeit zu distanzieren, insbesondere auch den Dichter Heinrich Böll, der noch vor wenigen Monaten unter dem Pseudonym Katharina Blum ein Buch geschrieben hat, das eine Rechtfertigung von Gewalt darstellt.« (zitiert n. H. Peuckmann S. 38)

3 Vgl. H. Beth (1975, [2]1980): Rufmord oder Mord? S. 90 (m. Quellenangaben).

4 Böll begründete seine Darstellungsabsicht in *Katharina Blum* u. a. wie folgt: »Und was ich damit darstellen wollte, ist eigentlich das, was im Zusammenhang mit der Baader-Meinhof-Auseinandersetzung die schreckliche Rolle des Professor Brückner war, eines Menschen, der in Berührung gekommen ist mit den Baader-Meinhof-Leuten, der sie beherbergt hat, der eigentlich etwas Selbstverständliches getan hat und auf eine Weise zerstört worden ist in seiner psychischen Situation [. . .].« (gekürzt zit. n. W. Zimmermann S. 43)

5 Gekürzt zit. n. W. Zimmermann (1988) S. 42.

6 Böll bestätigte das im Gespräch mit Manfred Durzak (Interv. I S. 328 ff.).

7 Das Zusammenspiel zwischen Polizei und Presse erlebte Böll am Beispiel seines Sohnes Raimund, bei dem 1972 in Berlin eine Haussuchung stattfand, die bereits vorher schon in einer Zeitung (BZ) als vollzogen gemeldet worden war (vgl. Bölls Gespräch mit seinem Neffen Viktor Böll am 22. 10. 1976 »Die Verfilmung der Katharina Blum«, Interv. I S. 666).

8 Jeziorkowski, Klaus (1968): Rhythmus und Figur. Zur Technik der epischen Konstruktion in Heinrich Bölls *Der Wegwerfer* und *Billard um halbzehn*. Bad Homburg, passim.

9 Er räumte dies gegenüber M. Durzak ein (s. Anm. 6).

10 S. Sewell (1982): Konduktion und Niveauunterschiede, S. 167 ff.

11 Interv. I S. 346.

12 In der Kritik (z. B. bei G. Graf) ist ein solches Maß an Selbstreflexion bei einer Hausgehilfin mit Fachschulabschluss als unwahrscheinlich angesehen worden.

13 D. Sölle (1974): Heinrich Böll und die Eskalation der Gewalt, S. 885.

14 Zuerst bei W. Schütte (FR 10. 8. 1974), dann bei R. Nägele (1976): Heinrich Böll S. 165 und bei F. Kicherer([3]1989): Heinrich Böll S. 122.

15 ESR 2 S. 535 ff.

16 Einen solchen Versuch hat bereits M. Reich-Ranicki in seiner Rezension unternommen, allerdings – wie W. Zimmermann (1099) nachweist – in unzulänglicher Weise.

17 § 211 StGB.

18 Vgl. zu Bölls Verhältnis zur katholischen Kirche: B. Sowinski (1993): Heinrich Böll S. 134 ff.

19 Vgl. J. Meibauer (1986): Rhetorische Fragen. Tübingen (Linguistische Arbeiten 167).

20 Zu diesen textlinguistischen Begriffen vgl. B. Sowinski (1983): Textlinguistik. Eine Einführung. Stuttgart (Urban-Taschenbücher 325).

21 Vgl. E. Mittelberg (1969): Der Stil der Bild-Zeitung. Marburg.

22 Vgl. dazu: B. Stoeckle (1975): Art. Gewalt, in: Wörterbuch christlicher Ethik S. 110.

23 Zu den folgenden Gedanken und Zitaten vgl. H. Beth ([2]1980): Rufmord und Mord S. 87 f.

24 Art. Ehrenschutz, in: Koszyk, K./Pruys, K. H. (Hg.) ([3]1973): dtv-Wörterbuch der Publizistik. München S. 86.

25 Ebd.

26 Ebd.

27 Vgl. »Grundsätze des deutschen Presserates« (s. Materialien 2).

28 Vgl. ESR 2 S. 650 ff.

29 Als ›Verbrechen‹ gelten im Sinn des StGB § 12 »rechtswidrige Taten, die im Mindestmaß mit Freiheitsstrafen von einem Jahr oder darüber bedroht sind«, ›Vergehen‹ sind dagegen »rechtswidrige Taten, die im

Mindestmaß mit einer geringeren Freiheitsstrafe oder die mit Geldstrafe bedroht sind.« – Katharina, die nur von Göttens Fahnenflucht wusste und kein Schuldbewusstsein darüber empfand, hat sich trotzdem strafbar gemacht, konnte aber wahrscheinlich mit einer milderen Strafe (Geldstrafe?) rechnen.

30 Vgl. Anm. 2.

31 S. K.-M. Bogdal (1982): Der Böll S. 132.

32 Vgl. Bölls Gespräch m. Dieter Zilligen (NDR III: Bücherjournal v. 19. 10. 1974, abgedr. b. H. Peuckmann [1977] S. 42 f.) (Auszug): »Die Moral in diesem Falle wäre: Lest mit äußerstem Mißtrauen Zeitungen. Alle [...] Auch eine weitere Moral wäre: Glaubt nicht an die Unfehlbarkeit der Zeitung, die ja immer unterstellt wird [...]. Das wäre meine Moral: Mißtrauisch sein und wenn man zum Opfer wird, sich wehren dagegen, wie weiß ich nicht. Diese junge Dame wählt diesen Weg, den ich nicht empfehlen kann, aber es gibt andere Möglichkeiten, sich zu wehren, und die Unfehlbarkeit der Zeitungen permanent in Frage stellen. Das wäre meine Moral.

33 Interv. I S. 320.

34 H. Fischer-Kesselmann (1084); Heinrich Bölls Erzählung S. 197 ff.

35 Ebd. S. 198.

36 ESR 2 S. 37.

37 H. Fischer-Kesselmann (1984) S. 198.

38 Ebd. S. 198.

39 Ebd. S. 198.

40 Ebd. S. 199.

41 Zur literarischen Wertung vgl. den umfangreichen Artikel ›Literarische Wertung‹ von R. von Heydebrandt([2]1984) in: Reallexikon der deutschen Literaturgeschichte Bd. IV, S. 828 ff. sowie G. v. Wilpert ([7]1989): Sachwörterbuch der Literatur. Stuttgart. S. 1031 ff.

42 Hier können die Kriterien zugrunde gelegt werden, die bei der Promotion zum Bestseller eine Rolle spielen (vgl. dazu: H. Popp [Hg.] [1975]: Der Bestseller [Studientexte für die Kollegstufe]).

43 Vgl. Interv. I S. 344.

44 Interv. I S. 345.

45 Interv. I S. 323.

46 G. v. Wilpert: Sachwörterbuch (s. Anm. 41) S. 1020.

47 F. K. Stanzel (1964, [10]1984): Typische Formen des Romans; ders. (1979, [3]1985): Theorie des Erzählens, passim.

48 J. H. Petersen (1977): Kategorien des Erzählens. In: Poetica 9, 187 ff.

49 G. v. Wilpert: Sachwörterbuch S. 265.

50 Die Begriffe ›objektiv‹ und ›subjektiv‹ für Textformen sind als solche strittig und sollen hier nur als Arbeitsbegriffe verwendet werden.

51 Vgl. Anm. 19.

52 G. v. Wilpert: Sachwörterbuch S. 419 f.

53 Ebd. S. 809.

54 Vgl. B. Sowinski (1993): Heinrich Böll S. 43 ff. u. ö. und:
B. Sowinski/W. E. Schneidewind (1988): Heinrich Böll. Satirische Erzählungen. München (Oldenbourg Interpretationen Bd. 3).

55 Vgl. Kap. 3.

56 Das Wort ›tritschen‹ für ›weglaufen‹ ist im Rhein. Wörterbuch Bd. 8 nur für Köln-Frechen und Siegburg belegt. In den Stadtkölner Mundartwörterbüchern fehlt es.

57 So F. Kicherer ([3]1989) S. 78 ff., der dabei jedoch mitunter etwas zu weit geht.

58 Vgl. H. Bahlow ([5]1980): Deutsches Namenbuch. Frankfurt (st 65).

59 R. Nägele (1976): Heinrich Böll S. 163.

60 Ebd. S. 164.

61 Vgl. Kap. 3.1.3 S. 32 ff.

62 Vgl. B. Sowinski (1993): Heinrich Böll S. 12.

63 Die Angaben beruhen auf Auskünften des Kiepenheuer & Witsch-Verlages und des Deutschen Taschenbuch-Verlages.

64 Anna Kuhn (1987): Schlöndorffs *Die verlorene Ehre der Katharina Blum* S. 95.

65 Interv. I S. 669 f.

66 E. Scheiffele S. 71.

67 Literaturangaben s. B. Sowinski (1993) S. 183.

68 J. Vogt: Das falsche Gewicht. Oder: Vom armen H. B., der unter die Literaturpädagogen gefallen ist. TuK H. 33: Heinrich Böll. 1972.

69 K. M. Bogdal (1982): 126–137.

70 Vgl. dazu G. Graf (1984): Literaturkritik, passim.

Literaturverzeichnis (Auswahl)

Auswahl

Die gesamte Sekundärliteratur zu Heinrich Böll bis Mitte 1992 ist verzeichnet bei: Bernhard Sowinski (1993): Heinrich Böll. Stuttgart (Sammlung Metzler 272) S. 176–210

Beth, Hanno (Hg.) (1975, 21980): Heinrich Böll. Eine Einführung in das Gesamtwerk in Einzelinterpretationen. Regensburg; Königstein/Ts. darin u. a.: Rufmord und Mord: die publizistische Dimension der Gewalt. Zu Heinrich Bölls Erzählung *Die verlorene Ehre der Katharina Blum*, 69–95

Bogdal, Klaus-Michael (31982): Der Böll: Erkundungen über einen Gegenwartsautor in der Schule. TuK 33, 126–137

Durzak, Manfred (1975): Entfaltung oder Reduktion des Erzählers? Vom »Verf.« des *Gruppenbildes* zum Berichterstatter der *Katharina Blum*. In: Jürgensen, M. (Hg.) (1975): Böll. Bern, 31–54

Faulstich, Werner (1984): Kritische Randbemerkungen zu dem Beitrag »Heinrich Bölls Erzählung *Die verlorene Ehre der Katharina Blum* und die gleichnamige Verfilmung von Volker Schlöndorff und Margarete v. Trotta« von Heidemarie Fischer-Kesselmann. DD 15 (1984), 449–454

Fischer-Kesselmann, Heidemarie (1984): Heinrich Bölls Erzählung *Die verlorene Ehre der Katharina Blum* und die gleichnamige Verfilmung von Volker Schlöndorff und Margarete von Trotta. DD 14, 1. 186–200

Fischer-Kesselmann, Heidemarie (1984): Antwort auf Werner Faulstichs »Kritische Randbemerkungen . . .« DD 15, 680–81

Giles, Steve (1984): Narrative transmission in Böll's *Die verlorene Ehre der Katharina Blum*, ML 65, 157–163

Graf, Günter (1984): Literaturkritik. Eine Einführung am Beispiel von Heinrich Bölls *Die verlorene Ehre der Katharina Blum*. Frankfurt/M.

Habe, Hans (1984): Requiem auf Heinrich Böll. In: Heinrich Böll: *Die verlorene Ehre der Katharina Blum* mit Materialien und einem Nachwort des Autors. Köln, 251–258.

Head, David (1978/79): »Der Autor muß respektiert werden« – Schlöndorff/Trottas *Die verlorene Ehre der Katharina Blum* and Brechts Critique of film adaption. GLL 32, 248–264

Herlyn, Heinrich (31988): Jenseits des Leistungsprinzips: Bölls Prosa der siebziger Jahre. TuK 33. München, 59–73

Holbeche, Yvonne (1985): Carnival in Cologne: a reading of Heinrich Bölls *Die verlorene Ehre der Katharina Blum*. AUMLA 63, 33–42

Jens, Walter (1984): Besprechung von *Die verlorene Ehre der Katha-*

Rina Blum. In: Heinrich Böll: *Die verlorene Ehre der Katharina Blum* mit Materialien und einem Nachwort des Autors. Köln, 243–250

Kepplinger, Hans M. (1977): Struktur und Funktion eines publizistischen Konflikts: die Auseinandersetzung um Heinrich Bölls Artikel »Will Ulrike Meinhof Gnade oder freies Geleit?« in: Dell'Agli, A. M. (Hg.) (1984): Zu Heinrich Böll. Stuttgart (LGW 65), 150–173

Kesting, Hanjo (1980): Katharina Blum. Eine Romanfigur u. ihre Kritiker, die horen 25, 120, 87–97

Kohls, Jürgen (1986): Der Film *Die verlorene Ehre der Katharina Blum* im Unterricht v. Deutsch als Fremdsprache. GermMitt 24, 3–14

Köster, Juliane (1988): Katharina Blum – die fremde Freundin. Über Identifikation als Erkenntnismittel. DD 19, 606–621

Krebs, Sonja (1990): Rechtsstaat u. Pressefreiheit in Heinrich Böll *Die verlorene Ehre der Katharina Blum*. Ein Beitrag zur Verfassungstheorie und Verfassungswirklichkeit im Spiegel der Literatur. Diss. Mainz

Kuhn, Anna K. (1987): Schlöndorffs *Die verlorene Ehre der Katharina Blum*. Melodrama und Tendenz. Film und Literatur, 86–104

Ludwig, Gerd (1976): Sprache und Wirklichkeit in Heinrich Bölls Erzählung *Die verlorene Ehre der Katharina Blum*. Eine literarische Auseinandersetzung mit dem Sensationsjournalismus. Hollfeld (Königs Erläuterungen u. Materialien 308/309)

McGowan, Moray (1983/84): Pale mother, pale daughter? Some reflexions on Bölls Leni Gruyten and Katharina Blum. GLL 37, 218–228

Michaelis, Rolf: »Der gute Mensch von Gemmelsbroich«. Heinrich Bölls Erzählung *Die verlorene Ehre der Katharina Blum*. Die Zeit, 2. 8. 1974, 18

Nägele, Rainer (1976): Heinrich Böll. Eine Einführung in das Werk und die Forschung. Frankfurt a. M. (Fischer-Athenäum-Taschenbücher 2084)

Payne, Philip (1978): Heinrich Böll versus Axel Springer: some observations on *Die verlorene Ehre der Katharina Blum*. New German Studies 6, 45–57

Petersen, Anette (1980): Die Rezeption v. Bölls *Katharina Blum* in den Massenmedien d. Bundesrepublik Deutschland. Kopenhagen/München

Peuckmann, Heinrich (1977): Unterrichts-Einheit Heinrich Böll: *Die verlorene Ehre der Katharina Blum oder: Wie Gewalt entstehen und wohn sie führen kann.* In: Hensel, Horst (Hg.): Unterrichts-Einheiten zur demokratischen Literatur. Eine Publikation des »Werkkreises Literatur der Arbeitswelt«, Frankfurt a. M., 15–43

Rapp, Dorothea (1975): »Aus ihrem Leben vertrieben ... *Die verlorene Ehre der Katharina Blum*«. Die Drei. Zeitschrift für Wissenschaft, Kunst und soziales Leben. 45, 146 ff.

Rectanus, Mark W. (1986): *The lost honor of Katharina Blum*. The reception of a German bestseller in USA. GQ 59, 252–268

Reich-Ranicki, Marcel (1974): Der deutschen Gegenwart mitten ins Herz. Eine unpathetische Anklage: Heinrich Bölls Erzählung *Die verlorene Ehre der Katharina Blum*. FAZ, 17. 12. 1974

Reid, J. H. (1991): Heinrich Böll. Ein Zeuge seiner Zeit. München (dtv 4533)

Scheiffele, Eberhard (1979): Kritische Sprachanalyse in Heinrich Bölls *Die verlorene Ehre der Katharina Blum*. Basis 9, 169–187

Schütte, Wolfram (1974): Notwehr, Widerstand und Selbstrettung. Heinrich Bölls Erzählung *Die verlorene Ehre der Katharina Blum*. FR, 10. 8. 1974

Sewell, William S. (1982): ›Konduktion und Niveauunterschiede‹: the structure of Böll's *Katharina Blum*. Monatshefte 74, 167–178

Silén, Grandell Ulla (1984): Marie, Leni, Katharina und ihre Schwestern. Eine Analyse des Frauenbildes in drei Werken v. Heinrich Böll. Schriften des deutschen Instituts Universität Stockholm 13

Sinka, Margit M. (1981): Heinrich Bölls *Die verlorene Ehre der Katharina Blum* as Novelle, or How a Genre Concept Develops and Where it Can Lead. CollGerm 14, 2, 158–174

Sölle, Dorothee (1974): Heinrich Böll und die Eskalation der Gewalt (*Die verlorene Ehre der Katharina Blum*). Merkur 28, 7, 885 ff.

Sowinski, Bernhard / Wolf-Egmar Schneidewind (1988): Heinrich Böll: Satirische Erzählungen. München (Oldenbourg Interpretationen 2)

Sowinski, Bernhard (1988): Heinrich Böll: Kurzgeschichten. München 1988, [2]1993 (Oldenbourg Interpretationen 3)

Torberg, Friedrich (1974): *Katharina Blum*. Jetzt böllerts. Parodie anstelle einer Besprechung. Der Spiegel, 6. 8. 1974, 100–105

Vogt, Jochen (1978, [2]1987): Heinrich Böll. München

Wallach, Martha (1986): Ideal and idealized victims: the lost honour of the Marquise von O., Effi Briest and Katharina Blum in prose and film: WiGyb 2, 79–166.

Wirth, Günter (1975): Plädoyer für das Erbarmen: Katharina Blum. In: Jürgensen, M. (Hg.): Böll. Bern

Neuere Literatur

Balzer, Bernd (1997): Das literarische Werk Heinrich Bölls. Einführung und Kommentare. München (dtv 30650)

Verfilmung

Die verlorene Ehre der Katharina Blum: BRD 1975, 106 Min. (R. Volker Schlöndorff; D: Angela Winkler, Mario Adorf)

Verwendete Literatur-Abkürzungen

AUMLA	Journal of Australian Universities Language and Literature Association Christchurch: Caxton
CollGerm	Colloquia Germanica
DD	Diskussion Deutsch
ESR	Heinrich Böll Werke. Essayistische Schriften und Reden, hg. von Bernd Balzer (1978)
FAZ	Frankfurter Allgemeine Zeitung
FR	Frankfurter Rundschau
GermMitt	Germanistische Mitteilungen, Brüssel
GLL	German Life & Letters
GQ/GQu	The German Quarterly
Interv.	Heinrich Bölls Werke. Interviews, hg. von Bernd Balzer (1978)
LGW	Literaturwissenschaft. Gesellschaftwissenschaft
ML	Modern Language
TuK	Text + Kritik
WigyB	Wissenschaft u. gymnasiale Bildung

Zeittafel zu Leben und Werk

1917 geboren am 21. Dezember in Köln. Katholisches Elternhaus, Vater Tischler und Holzbildhauer
1928 Einschulung in das Kaiser-Wilhelm-Gymnasium in Köln
1929 Weltwirtschaftskrise. Schlechte Wirtschaftslage der Familie
1933 Machtübernahme Hitlers. Distanz der Familie zum Regime
1937 Abitur. Buchhändlerlehre. Erste schriftstellerische Versuche
1938–1939 Reichsarbeitsdienst (6 Monate)
1939 Einsemestriges Germanistikstudium an der Universität Köln
1939–1943 Soldat im Zweiten Weltkrieg an der Ost- und Westfront
1942 Eheschließung mit Annemarie Cech. Kinder: Christoph (*1945), Raimund (*1947), René (*1948), Vincent (*1950)
1945 Kriegsgefangenschaft, Nov. 1945 Heimkehr in das zerstörte Köln. Gelegenheitsarbeiten
1951 Preis der Gruppe 47 für die Kurzerzählung *Die schwarzen Schafe*
1954 Besuch Irlands
1964 Poetik-Vorlesungen an der Frankfurter Universität
1970 Präsident des PEN, Sektion Deutschland
1971 Präsident des internationalen PEN
1972 Nobelpreis für Literatur
1973 Eintreten für russische Schriftstellerdissidenten (wie Solschenizyn und Kopelev)
1974 Carl v. Ossietzky-Medaille der Internationalen Liga für Menschenrechte
1977 ff. Herausgabe der *Werke*
1981 Ansprache auf der Friedensdemonstration in Bonn
1983/84 Solidarität mit Protest gegen Atomraketen
1985 Tod am 16. Juli in Bornheim-Merten bei Bonn

Romane und Erzählungen

1947 Erste Kurzgeschichtenveröffentlichungen in Zeitschriften
1949 *Der Zug war pünktlich*. Erzählung
1950 *Wanderer, kommst du nach Spa* ... Erste Kurzgeschichtensammlung
1951 *Wo warst du, Adam?* Roman
1953 *Und sagte kein einziges Wort*. Roman
1954 *Haus ohne Hüter*. Roman
1954–57 *Irisches Tagebuch*. Reiseskizzen
1955 *Das Brot der frühen Jahre*. Erzählung
1958 *Die Waage der Baleks*. Ernste und heitere Kurzgeschichten
1959 *Billard um halbzehn*. Roman

1964 *Entfernung von der Truppe.* Erzählung

1966 *Ende einer Dienstfahrt.* Erzählung

1966 *Nicht nur zur Weihnachtszeit.* Satiren

1971 *Gruppenbild mit Dame.* Roman

1974 *Die verlorene Ehre der Katharina Blum.* Novelle

1979 *Fürsorgliche Belagerung.* Roman

1985 *Frauen vor Flusslandschaft.* Roman in Dialogen und Selbstgesprächen

1993 *Der Engel schwieg* (posthum)

Essays

1967 Aufsätze, Kritiken, Reden

1975 *Berichte zur Gesinnungslage der Nation*

1977 *Einmischung erwünscht.* Schriften zur Zeit

1980 *Spuren der Zeitgenossenschaft.* Literarische Schriften

1980 *Gefahren von falschen Brüdern.* Politische Schriften

1984 *Ein- und Zusprüche.* Schriften, Reden und Prosa 1981–84

Die Fähigkeit zu trauern. Schriften und Reden 1984–1985 (Werkauswahl)